6~12岁 儿童好头脑 养成书

著 刘夏米

古吴轩出版社

中国·苏州

图书在版编目（CIP）数据

6～12岁儿童好头脑养成书 / 刘夏米著. — 苏州：
古吴轩出版社，2017.10（2018.4重印）
ISBN 978-7-5546-1004-6

Ⅰ. ①6… Ⅱ. ①刘… Ⅲ. ①学前教育－教学参考资
料 Ⅳ. ①G613

中国版本图书馆CIP数据核字（2017）第233981号

策　　划：马剑涛
责任编辑：蒋丽华
见习编辑：薛　芳
装帧设计：润和佳艺

书　　名：6～12岁儿童好头脑养成书
著　　者：刘夏米
出版发行：古吴轩出版社
　　　　　地址：苏州市十梓街458号　　　　邮编：215006
　　　　　Http：//www.guwuxuancbs.com　 E-mail：gwxcbs@126.com
　　　　　电话：0512-65233679　　　　　　传真：0512-65220750
出 版 人：钱经纬
印　　刷：大厂回族自治县彩虹印刷有限公司
开　　本：710×1000　　1/16
印　　张：14
版　　次：2017年10月第1版
印　　次：2018年4月第2次印刷
书　　号：ISBN 978-7-5546-1004-6
定　　价：38.00元

如有印装质量问题，请与印刷厂联系。0316-8863998

 前言

　　拥有一个聪明的大脑，能够让人更加轻易地获得成功。然而，有太多的人受到"天才论"的影响，认为聪明的大脑是天生的。但是，数据表明，拥有超常智力的人仅占总人口的10%，剩下90%的人难道就注定无法变聪明了吗？

　　不！每一个人的潜能都是无可限量的，大脑的智慧，就像打火石的火花一样，只有不断地"敲打"才能显现出来。大多数人之所以聪明能干，是因为他们的潜力得到了很好的开发和利用，而开发潜力效果最好、效率最高的时期是儿童时期。

　　因此，在儿童好奇心和求知欲最为旺盛的时期，父母应该积极培养孩子的好头脑，开发他们的智力，这对孩子的一生都将产生积极的影响。

　　鉴于许多家长不知从何入手，我们倾力打造了这本《6~12岁儿童好头脑养成书》。本书内容涉及语言能力、记忆力、数字力、观察力、逻辑思维、判断力、想象与创造力等的训练，以及儿童大脑的秘密和科学用脑知识等。以深度开发儿童的心脑智能为目标，通过丰富的教育理论、趣味故事和游戏导入，改变父母对教育的看法，让孩子拥有一个好头脑。

　　另外，在编撰本书的过程中，我们咨询了少儿智力开发、心理发育研究

方面的资深专家，借鉴了大量国际前沿的科研成果和教育思想，查阅了大量相关资料，力图使本书内容更加权威和严谨。在设计编排上，还插入了形象的图片，使内容更加生动有趣，让广大少年儿童在快乐中学习知识、获得智慧。

　　不管你拥有怎样的教育理念，也不管你的孩子聪明与否，请耐心地和孩子一起读读本书，它不仅可以丰富你对教育的看法，还能够挑战孩子既有的认识，激活孩子头脑中的"死"知识，拓展孩子的视野，发掘孩子的智力潜能。总之，如果想让孩子拥有一个好头脑，那就赶快翻开本书，与孩子一起进行智力训练吧！

目录

第三章 记忆力大比拼，超强记忆是好头脑的表现

第四章 数字力训练，快速运算的"头脑风暴"

第五章 见微知著，观察力塑造孩子思考的大脑

第九章 想象力与创造力培养，点亮孩子智慧的源泉

第十章 注重用脑健康，养成好头脑需劳逸结合

第一章

—• 6～12岁 •—

儿童智力训练的奥秘

随着家长们对孩子的教育问题越来越重视,

开发儿童智力越来越成为人们关心的话题。因为对于儿童来说,

其学习离不开智力活动,

大脑聪明往往意味着学习成绩优异。

那么,究竟什么是智力呢?为什么儿童的智力有高低之分呢?

本章将带你一探智力的奥秘。

儿童智力与知识、技能的关系

　　什么是智力？我们常说一个人"聪明"或"愚笨"，其实就是对这个人智力的评价。简单来说，智力是指人认识、理解客观事物并运用知识、经验等解决问题的能力。它包括言语、记忆、观察、想象、思维、判断等因素（见下图），其中思维是智力的核心。

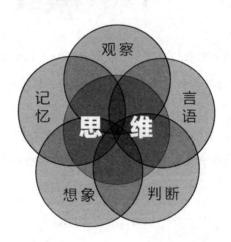

　　智力不但包含多个方面的因素，而且存在不同的层次，也就是有着高

低之分。比如，我们常说的低常儿童，就是其智力组成的某些因素存在缺陷；而所谓的"天才"，则是其智力组成的几个方面的能力或才能高度综合发展，或者某个因素异常突出。除了低常和超常两个层次，剩下的大部分都属于正常的层次。

那么，如何衡量孩子的智力是否正常呢？这里引入"智力品质"一词。所谓智力品质，是指孩子在智力活动中，特别是在思维活动中智力特点在个体身上的表现，也叫思维品质。它不仅是评价智力高低的指标，还是发展孩子智力和能力的突破口。

由此可见，思维品质体现了孩子思维的水平和智力、能力的差异。教育孩子其实就是努力提高每个孩子的学习质量和思维能力，这样有助于孩子更好地学习知识和技能，因为知识、技能与智力有着密切的关系。

不过，知识、技能并不是智力本身，不是一个个性心理特征，知识和技能的高低并不意味着一个人智力的高低。比如，在某次考试中，两个孩子获得了一样的分数，但是在学习的过程中，可能一个孩子花费了很多时间，另一个孩子花费的时间却很少；一个可能是死记硬背，另一个则是理解记忆。此时，就不能单凭知识和技能来判断智力的高低。

如此说来，是不是智力和知识、技能就没有关系了呢？其实不然，这三者之间是相辅相成的。离开学习和训练，什么实践活动也不参加的孩子，他的智力是难以得到发展的。

另一方面，智力在一定程度上还决定着孩子在知识、技能掌握上可能取得的成就。比如，孩子在练习写作的过程中，经常运用思维能力，大脑就会越用越灵活，分析、判断、推理能力也会越来越强，思维能力增强，写作技能自然也会更上一层楼。

著名心理学家朱智贤教授曾指出："从教育措施到青少年儿童心理发展，是以青少年儿童对教育内容的领会或掌握为中间环节的，是要经过一定的量变到质变的过程。"由此可见，虽然向孩子传授知识很重要，但这只是孩子思维能力、智力发展的量变过程，最终的目的是思维能力和智力的本身发展，这才是质变过程。

总之，从知识、技能发展的"量变"，到成为智力与能力的"质变"，中间需要一个概括环节，正是这种概括环节，实现了知识、技能向智力的转化。它们三者的关系是，当孩子在获得知识、技能后，经过不断的概括过程，使得智力得到发展。同时，智力的发展又促进孩子更好、更快地学习知识和技能。

儿童智力发展的规律

在注重教育的今天，很多家长认为只要补充营养，认真学习知识，就能发展孩子的智力。其实，这种观点是片面的。儿童智力的发展有一定的规律，如果不按照规律对孩子进行智力开发，反而会适得其反。下面，就从智力分布、年龄变化和智力内容等方面来谈谈儿童智力发展的一些规律。

1. 同龄儿童智力分布规律

每一个儿童的智力水平都不一样，不过，从整体上看，同龄儿童中智力基本呈正态分布——两头小，中间大。即超常儿童和低常儿童占极少数，而正常智力的儿童占绝大多数。大部分儿童的智商都在85～115之间。只有少数儿童的智商会超过130或低于70。

因此，父母在培养孩子智力的时候，要根据孩子的具体情况，看孩子处于哪个智力阶段。不同的阶段，要求肯定也是不同的。只要孩子有进步，就值得鼓励，而不要一味地追求高目标。比如，一个正常智力的孩子，却被要求达到超常儿童的水平，这是有悖智力发展规律的。

2. 儿童智力发展的年龄变化

人的智力发展会随着年龄的发展而变化。一般来说，0～5岁智力发展是最迅速的，5～12岁智力发展速度仍有较大增长，12～20岁智力缓慢上升，到20岁左右智力达到高峰并一直延续到34岁左右，之后缓慢下降直到60岁，再之后智力迅速下降。

这里主要针对儿童而言，其智力水平会在成长过程中随着年龄的增长而增长，但这种增长与年龄的增长不是线性关系。一般是先快后慢，到一定程度后停止增长，并随衰老而呈下降趋势。因此，父母要善于抓住儿童时期这一智力发展的关键时期。

3. 不同智力的发展规律

前面我们讲了儿童智力包括的内容，其中每一项能力的发展和培养都有其时间段，也就是要遵循其时间发展规律。具体来说，表现在以下几个方面：

（1）知觉能力。知觉能力发展最早，在视崖研究中，刚会爬的出生6个月左右的婴儿就表现出深度知觉。一般来说，人的知觉能力10岁就达到高峰，高峰期持续到17岁，从23岁开始衰退。

（2）记忆能力。记忆能力的发展仅次于知觉能力，孩子的记忆能力在14岁左右达到高峰，并持续到29岁，40岁之后开始衰退。

（3）动作和反应能力。动作和反应能力在婴孩时期发展最迅速，直到18岁达到高峰，并持续到29岁，40岁之后开始衰退。

（4）思维能力。一般来说，有72%的人的思维能力在14岁左右达到高峰，有的18岁达到高峰，持续到49岁，60岁之后开始衰退。

另外，智力虽然有其自身发展的规律，但也受到先天遗传和后天环境的影响。同一智力在不同的孩子身上有不同的表现，构成了各种不同的智力类型，使得孩子在知觉、表象、记忆、想象、言语和思维等方面都表现出差异。

因此，父母要尊重和理解孩子，寄予合理期望和适度教育。要明白进行早期智力培养并不是给予的刺激越多越好，而是必须根据儿童心理发展的规律，从儿童心理发展的实际水平出发，考虑儿童的个性特点和身心负荷量，这样才能更有效地促进儿童智力的发展。

训练儿童智力非常必要

人的大脑是极其复杂的，一个成人的脑细胞数量在140亿个左右，其中70%～80%是3岁以前形成的。一般来说，大脑在出生后5～10个月时发育最快，5岁时大脑的重量就已达到成年人的90%。

另外，美国心理学家和教育家布鲁姆认为，一个人的智力发展，如果17岁时智力水平达到100%的话，那么4岁时智力就已达到50%，到8岁时再增加30%，直到17岁时获得剩下的20%。

从上面这些数据可以看出，人的大脑在儿童时期的发展是最迅速的。因此，父母不仅要把握孩子智力开发的关键期，还要注重对孩子智力的训练。

其实，重视孩子智力的训练，是每一位家长一直都在做的，我们总是希望一代比一代更聪明。许多父母经常给孩子讲一些有关聪明才智的故事，比如司马光砸缸、曹冲称象等。可以说，重视孩子的智力问题在今天变得更加突出。

为什么父母们如此重视孩子的智力呢？

1. 信息化社会，高智力才能适应社会发展

在信息化高速发展的今天，新知识成倍地增长，需要学习的知识也越来越多。就如庄子说的那样："吾生也有涯，而知也无涯。"在有限的生命里，学习时间是有限的，而知识量却在不断地增加。因此，孩子需要足够的智力，才能适应社会的发展。

2. 智力水平越高，对社会发展的作用越大

我们认识社会是一个由感性认识到理性认识的过程，接下来再指导实践，接受实践的检验。不过，随着社会的不断进步，越来越多的研究活动是根据以往经验所认识到的规律，推测出新的、尚未认识的事物或规律。这种推测带有假设性，然后再通过实验加以证实、改进或否定。这表明，人的智力水平对于个人的进步及社会的发展所起的作用越来越大。

如今，竞争主要是智力之间的竞争，或者说是知识的竞争。比如两个人在条件差不多的情况下，谁胜谁败很大程度上取决于双方智力的高低。孩子聪明与否很大程度上表现在智力上的优劣，因此，注重对孩子的智力训练，关系着孩子未来的发展。

儿童智力训练的原则和标准

望子成龙、望女成凤是每一位家长的夙愿，想要让自己的孩子拥有高智商的头脑，在开发儿童智力的时候就必须遵循一定的原则，这样才能事半功倍；相反，如果盲目地进行，偏离了智力开发的正常轨道，就有可能误入歧途。

一般来说，儿童智力开发，是指在孩子具备某种能力之前的适当时期内，给他们提供良好的感官刺激，以促进其大脑的发育，加速发展其先天潜能变为现实的能力。要想达到这一目的，就必须遵循以下几个原则：

1. 顺应孩子的成长规律

父母要总结出孩子不同阶段生理的发展状况，尤其是大脑的发育特点，然后根据孩子每个阶段大脑发育的特点进行有针对性的训练，抓住大脑发展的关键时机。一方面要注意刺激、诱发孩子智力的发展，另一方面又要重视培养、发展孩子的良好行为和个性品德。

可见，对孩子的智力训练要做到"因材施教"。不同的孩子，由于遗传素质、生活环境、接受教育及个人努力程度不同，在身心发展的可能性和发展水平上存在着差异，其兴趣、能力、性格也都不同。因此，在对孩子进行智力开发的过程中，也要非常重视孩子个性品质的差异。

另外，父母不能把自己的兴趣爱好强加在孩子身上，对智力落后的孩子，更要善于发掘他们各自的特长，激发孩子的兴趣及增强他们的信心，以促进其智力的发展。

2. 智力训练要循序渐进

我们知道，儿童大脑和神经系统从发育到成熟有一定的先后顺序，其智力发育也有一定的阶段规律。所以，在对儿童进行智力开发时应遵循其生长发育规律和知识本身的阶段特征，并且要考虑到孩子每个发展阶段的承受能力。

因此，父母对孩子进行智力训练要充分把握"度"。不能操之过急，拔苗助长，而应该由易到难、由浅到深，否则会严重打击孩子的求知欲，进而妨碍孩子智力的正常发展。总之，父母在对孩子进行智力训练的时候，一定要按照孩子的发展规律，循序渐进地进行。

除此之外，父母还要把握儿童智力训练的标准，即鉴别孩子是否优秀。美国学者里恩提出了以下标准，这些标准可以作为儿童智力训练的最终标准。

（1）具备一定的知识技能。孩子具有基本技巧和知识，能够适当应用所学技巧解决具体问题。

（2）注意力集中。在学习和生活上不容易分心，能在充分的时间内对某个问题集中注意力，并求得解决的办法。

（3）反应速度快。孩子在问题上容易受到启发，对大人的建议和提问能做出积极的反应。

（4）理智的好奇心。对事物充满好奇，喜欢自己提出新问题，并从自己解答问题中得到满足。

（5）充满挑战和自信。无论是在生活上还是在学习上，都乐意处理比较困难的问题和进行争论。

（6）对事物的敏感性。具有超过年龄的机灵和敏锐的观察力，对事物有较敏感的认识。

（7）口头表达熟练，思维灵敏。善于正确地运用众多的词汇；能够形成许多概念，善于理解新的、比较深刻的概念。

（8）独创性和想象力。能够用新颖的或者异常的方法来解决问题，并能够独立思考，富于联想，想象力丰富。

儿童期智力训练的重点

　　6~12岁的孩子，其智力发育较快，能较好地综合分析、克制自己，并在学校及生活中开始适应各种错综复杂的关系，这为培养孩子的智力提供了基础。一般来说，这个阶段孩子智力训练的重点主要有以下几个方面：

1. 语言能力的培养

　　学龄期是儿童有意识地全面系统准确地学习和掌握语言的重要时期，是掌握书面语言的关键时期，因此，父母要抓住这一语言学习的黄金时期，培养孩子的语言能力。语言能力主要可以通过以下两个方面来培养：

　　（1）阅读。阅读可以巩固和加深孩子对所学文字的印象和理解，锻炼孩子对文字的运用能力，使孩子获得各种知识，陶冶孩子的情操。当然，要孩子更好地阅读，父母就必须以身作则，培养孩子读书的兴趣，并挑选适合的图书，帮助孩子理解所读的内容。

　　（2）写作。7岁的孩子已经具备初步的书面语言能力，经过正确的指导和训练能够写简单的作文。这个时期，父母应多鼓励孩子仔细观察事物，掌握描写和叙述的技巧，根据兴趣进行命题作文，帮助孩子审题、立意、选材、构思及安排段落层次等。

2. 观察力的培养

学龄期孩子的观察缺乏目的性、计划性、系统性、持久性，所以父母在培养孩子观察力时，要根据观察的任务，向孩子提出有目的的、系统的观察要求，使孩子认真、细致、全面、系统地去观察，并逐步养成自觉的、独立的、有计划的、持久的观察习惯。

例如，多带孩子去认识和观察大自然，去动物园观察各种动物的外形及特征；让孩子的多种感觉器官参与观察活动，使其获得丰富的感性知识。在孩子观察之前，不妨让他们带着任务，并根据观察对象的不同特点，采取不同的观察方法，这样才能获得比较完整的材料。

3. 记忆力的培养

记忆力是孩子智力的体现，增强记忆力是这个阶段智力训练的重点。孩子的记忆力可以通过科学的训练方法得到提高，具体可从以下几个方面进行：

（1）明确记忆的任务。父母要向孩子提出记忆的任务，并说明主要记哪些，记到什么程度，让孩子做到心中有数；对于高年级的孩子，要启发他们自觉地提出记忆的任务。

（2）掌握记忆的规律。记忆是一个不断巩固的过程，重复次数越多，记忆时间就越长；给予的刺激新鲜，则能激起兴趣，强化记忆力，所以要反复多次、循序渐进、前后联系，才能激起孩子记忆的兴趣，增强孩子的记忆力。

（3）掌握记忆的技巧。记忆是有窍门的，记忆的方法有整体、归类、联想、口诀、缩略、区别记忆等多种，在学习中，要根据所学的不同内容，采用与之相应的记忆方法。

4. 想象力的培养

想象是在人的意识倾向的支配下，在已有的感知材料的基础上形成的。学龄前儿童的想象力有时的确很丰富。在他们的头脑中，现实与想象之间往往没有明确的界限。有时候，想象与现实的同一化，会导致他们行为和言语的"不合情理"。

所以，要发展儿童的想象力，必须要端正想象方向。当孩子想象中出现奇异现象或失误时，父母要认真观察分析，并给予正确诱导，不要嘲笑和挖苦孩子，更不能压抑孩子刚萌发的想象幼芽。

父母可以有计划地组织孩子参观、旅行等，让孩子亲自观察社会生活和自然现象，开展课外读书活动等以打开孩子的视野，丰富孩子的知识，为想象提供丰富的材料。

5. 思维能力的培养

思维是一种积极的、有目的的活动，是大脑对客观事物概括的、间接的反应。培养孩子的思维能力首先要让孩子通过观察、实验获得大量的感性材料，并引导孩子上升到理论知识。及时引导孩子给概念下定义以提高孩子的思维能力，对要掌握的概念应多练习、多应用以加深理解。

所以，父母应注意引导儿童动手、动脑，亲自分析、综合，并进行比较及概括。

6. 实践应用能力的培养

实践应用能力是指将所掌握的知识应用于实践的能力。父母要想让孩子今后有所成，就必须从小训练孩子的实践应用能力。可以从训练头脑、双手、眼光及个性四个方面进行。

比如，最大限度地打开孩子的思路，使大脑积极地开展创造性的思维，让孩子自己动手以锻炼其双手；还要培养孩子稳定的学习情绪，自信、勤奋的品格及不怕困难的精神；要经常让孩子用学过的知识去解决各种实际问题，以达到学以致用的目的。

7. 注意力的培养

刚刚进入小学的孩子，注意的目的性还很弱，只能够注意自己感兴趣的对象。随着学习活动的进行，注意力也得到很快的发展，在课堂上可以根据学习活动和教师的要求将注意力集中在学习上，注意力的持久和稳定性也不断地发展。不过，其注意水平仍然是有限的，易出现上课注意力不集中等现象。

父母在培养孩子注意力的时候，要坚持执行始终如一的规矩和纪律。比如，一次只安排孩子做一件事，不要嘲讽或过分地放纵孩子等。要根据孩子的特长，对其进行音乐、绘画、舞蹈等方面的培养，以促进孩子注意力的发展。

第二章
⟶ 培养语言能力 ⟶
打造孩子聪慧的大脑

语言和文字是人类传递信息、交流思想的最具魅力的工具，
两者之间相辅相成。文字是语言的书面形式，
各自都充满着独特的魅力。一语双关、谜语游戏等，
都可以很好地训练孩子对语言文字的理解和运用能力，
并充分锻炼孩子的大脑。

语言能力，让头脑变得更有智慧

爱因斯坦曾经说过："一个人的智力发展和他形成概念的方法，在很大程度上是取决于语言的。"语言和思维是密切相关的，语言是思维的工具、外壳。在生活和学习中，我们借助语言才能对事物进行抽象的概括，反过来又借助语言对我们的思维进行调节，使思维逐步完善。因此，要发展孩子的大脑思维，首先要发展孩子的语言能力。

简而言之，语言能力的发展体现了思维能力的发展，也促进思维能力的培养。当一个人在生活实践中遇到了某个问题，他就会在头脑中针对这个问题，以语言为工具，对已有的知识经验进行思维加工，最后形成一种认识，这就是思想。

那么，如何提高孩子的语言能力，从而让大脑变得更加聪慧呢？

1. 营造良好的语言环境

儿童语言是孩子在所处的环境实践中不断感知而形成的，而儿童语言环境一般包括物质环境和精神环境这两个方面。就物质环境而言，如为了让孩子熟练地掌握排比句，可以通过具体的游戏展示来帮助孩子学习，这样孩子通过具体的环境直接感知事物的动态，从而使儿童的语言在多姿多彩的环境中得到培养。

2. 注重语言、思维训练

在开发大脑智力的时候，语言训练是一方面，思维训练也是一方面，要注重二者的结合，因为思维对语言的发展也起着重要的作用。例如孩子在写作时出现的用词不当或句子不通，从形式上看是语言的问题，而从内容上看则是思维的问题，是孩子不能正确地理解和运用概念，不能对事物做出合乎逻辑的判断。二者兼顾，才能使孩子的语言能力和思维能力都得到提高。

3. 多进行听说读写练习

听说读写是孩子进行思想交流的基本过程。我们知道，语言承载着思维的信息，而听说读写又是语言和思维共同作用下的外在表现方式。离开听说读写，语言和思维便失去了得以外化并与他人进行思想交流的条件，它只能永远保留在自己的头脑中。因此多进行听说读写有利于语言和思维的发展。

4. 与孩子进行亲子游戏

游戏是儿童生活的主体，生动有趣的游戏，是培养儿童感知事物、发挥想象、发展语言的重要途径。在游戏中，孩子能够身临其境地感知事物，并细致地进行观察。思考和讲述游戏活动，能够进一步发展儿童的语言和思维能力，从而发展大脑智力。

当然，儿童语言与思维能力的培养，不是仅仅通过某一项训练就能达到的，而必须要抓住时机用心培养，才会取得理想的效果。尤其是要注重后天的培养，即便语言能力很大一部分是先天的，但后天的影响也是巨大的。

比如，儿童与生俱来的能力有100，如果不去发现和培养，那么，孩子的能力也会慢慢地减退，5岁时可能减为80，10岁时减为60，15岁时只剩下40。因此，家长一定要把握住时机，让孩子的潜能得以淋漓尽致地发挥。

总之，语言能力愈早开发愈好，在儿童的智力发展之初，语言能力的培养就要开始。因为，语言是吸取知识的最好工具，孩子的语言学习愈早，懂得愈多，其吸取知识的能力也会随之愈强。也就是说，语言能力强的孩子，必然能够更好地增长才识，锻炼自己的大脑，从而让自己变得更聪慧。

儿童语言能力发展经历的阶段

苏联著名教育家苏霍姆林斯基曾说："语言是智力发展的基础，也是所有知识的宝库。"儿童不断掌握语言的过程，就是儿童语言发展的过程。语言发展好的孩子，求知欲强、知识面广，智力发展也好。一般来说，儿童语言的发展大致可分为以下几个阶段：

1. 单词语言阶段

孩子最初的语言学习是从听懂大人说出的词开始的。

7～8个月大的婴儿多次听到大人说出关于某一个物体的词时，他头脑里就会在这一说出的词与物体之间建立起暂时的联系，以后只要听到这个词，婴儿就能做出相应的反应，词的声音成了物体的信号。

10～11个月大的婴儿不再对相似的音调产生反应，而是开始对词的内容产生反应，开始懂得词的意思，词开始成为孩子大脑中的言语信号，这是婴儿与大人交际的开端。不过，这时婴儿还不能很好地利用语言，即便明白了词的意思，也无法说出来。

1岁大的孩子能听懂10～20个词，但并不意味着能够说出来，实际上说出来的很少。1岁后，孩子才真正建立言语听觉分析器和言语运动分析器之间的复杂联系，与大人进行言语交际。

2. 双词语言阶段

1岁半到2岁时，儿童语言开始进入双词语言阶段，这个阶段是儿童语言发展上的一个跃进阶段。在这个阶段，随着儿童理解语言能力的发展，儿童的积极语言表达能力很快发展起来，语言结构也更加复杂化，这为儿童心理发展提供了条件。

这个阶段，儿童开始说双词句是出于交际的需要，一般来说，这时候孩子能够用简单的语句和大人交流。从语言形式的角度看，双词句不仅表达出的语义关系更加复杂，还标志着儿童产生了最早的语法能力。

3. 简单句阶段

2岁到2岁半时，儿童语言开始进入简单句阶段，随着掌握词的数量增加，尤其是大量的名词和动词，孩子开始能说一些独词句。当然，这些句子还是比较简单的，由两三个或三四个词组成。

在这个阶段，虽然儿童还没有完全掌握语法系统，但一定程度上反映了儿童已正确地掌握语序、层次等基本的句法结构形式。从这时起，儿童开始逐步从成人的言语习惯中来掌握语言的语法习惯。

4. 复杂句阶段

3~6岁时，孩子已经能够使用各种基本类型的句子。这个阶段，在儿童言语中几乎可以听到所有的词类，他们喜欢跟大人说话，喜欢听故事，并能记住其中的内容。他们不但能够理解并直接感知事物的词语内容，而且能理解并描述他们所熟悉的但不被直接感知的事物。

进入学龄期，儿童的口语发展的基本趋势是低年级儿童以对话言语为主，而且独白言语开始发展，高年级儿童口头言语表达能力初步完善。此外，书面语言和内部语言也得以发展。所谓内部语言，是指伴随着思维活动产生的不出声的言语，具有隐蔽性。

在小学阶段，儿童语言发展的总趋势是由掌握字发展到掌握词和句，再发展到掌握初步的语法规律，最后发展到领会一定的逻辑思维。

总之，不同年龄的儿童对语言的获取能力是不一样的，或者说儿童语言的发展是受年龄影响的。儿童的语言能力是由基本的认知能力派生出来的，其发展是一个由低到高的发展过程，并且随着年龄达到一定阶段之后，语言的发展还会走向衰退。

一般来说，5~8岁是儿童最佳的语言学习时期，这与他们的各种认知能力发展成熟有关。一旦过了这个时期，儿童学习语言能力的效果往往不理想。所以，从婴幼儿直到小学，父母都应该全面地培养孩子的语言能力。

注重早期阅读，提升孩子的语言能力

儿童的语言能力不是生来就具有的，语言的获得是需要学习的。童年是孩子一生中最美好的一段时光，自然离不开阅读。尤其是近年来，早期阅读越来越受到家长们的重视。让早期阅读陪伴孩子成长，不仅可以拓展孩子的眼界，还可以提高孩子的语言能力，进而发展孩子的智力。

那么，父母应该如何培养孩子的早期阅读呢？

首先，儿童的阅读要从倾听开始，因为孩子最初的阅读兴趣和良好的阅读习惯都来源于倾听。美国著名的阅读研究专家吉姆·崔利斯认为，不要教孩子"如何"去阅读，而应教孩子"渴望"去阅读。教孩子去热爱与渴望比教孩子去做重要得多。因此，给孩子讲故事成了公认的一种早教阅读方式。

其次，父母必须先了解孩子的阅读发展水平，准确地掌握孩子的阅读能力，这样对互动的内容和孩子的反应才会有适度的期盼，进而以孩子现有的能力为一个起始点，引导他们进入下一个发展阶段。

比如，6岁儿童在参与了早期阅读训练之后，已经具备了一些基本的阅读知识。父母可以从引导者退居为协助者，不需要指导他们怎么来看书，以及如何理解书中的内容，而应让他们运用原本的知识去探索书籍的知识。

7～8岁孩子的阅读属于早期阅读。不过，这个阶段的阅读方式需要更加全面，可以结合小学汉语中的阅读要求来进行。需要注意的是，每个年龄段的儿童，因为个体之间存在着各种因素的差异，所以其阅读水平是存在高低之分的。

一般来说，只要是经常接触图书的初学儿童，其阅读能力就会大大地提升。

（1）用自己大脑中原有的文字知识，来解决阅读书籍中超过其知识范围的难题。比如，根据前后文的意思、注音、字形等猜测文意。

（2）在阅读时即便遇到困难，也不会立刻寻求帮助，而是运用自己所学的知识，试着去解读。

（3）能够同时利用图画或文字去猜测下文，然后再证实自己所想的对不对，也就是采用假设与证实的过程。

（4）阅读时对念错的字词会有意识地进行修正。

（5）能复述书中的故事。

另外，孩子在听力与阅读能力上存在很大的差异，完全不给孩子读故事，以及太早停止阅读，都是不合理的。儿童听力专家表示，在小学期间孩子的听力比阅读能力强。因此，孩子能够听懂并理解那些复杂、有趣的故事，却无法自己看懂故事书。

所以，即便当孩子大一点后，父母仍应该继续读故事给孩子听。读故事，不仅可以增强家长和孩子之间的情感交流，还能将较高难度的词灌输进孩子的大脑中，从而增强孩子的阅读能力。

当然，培养孩子的阅读能力有很多种方法。比如创建阅读仪式，留出一段特别的时间作为每日读书时间，把和孩子一起读"每日一书"变成惯例；阅读时可以富有表情地读，注意韵律和节奏，每个角色采用不同的声音，但不要采用"娃娃腔"；家长可以一边指着颜色、形状、小动物或故事中其他有趣的东西一边和孩子谈论；等等。

　　早期阅读习惯的养成，对于孩子来说，是提升语言能力和益智的最好方式之一。不过，培养孩子良好的早期阅读习惯，不是顺其自然就能形成的，父母在此过程中起着至关重要的作用。只有父母积极地参与，才能让孩子获得一个美好的阅读世界。

拓展儿童阅读能力的有效方法

　　在孩子眼中，学习的最大作用是从书本上得到乐趣。因此，阅读首先要让孩子获得乐趣，当孩子通过阅读自由地学会某事时，他们便会在阅读的过程中充满喜悦。阅读不仅是一种娱乐方式，还在儿童语言发展的过程中扮演着重要角色。

　　然而，并不是所有的孩子都能轻松愉快地进行阅读，阅读能力是需要逐渐培养的。在对待孩子的阅读中，父母该如何有效地拓展孩子的阅读能力呢？

1. 提高孩子的阅读兴趣

　　在阅读的过程中，学龄期的孩子一般不知道自己究竟喜欢或爱好哪方面的书籍。兴趣在这个阶段还处于不断发展的状态。所以，父母应该更多地引导孩子进行阅读。

　　首先，为孩子选择合适的书籍。不同年龄的孩子，领悟能力不一样，父母应该根据自己孩子的阅读能力选择合适的书籍。如果孩子能够很好地理解书中的内容，父母就可以选择内容更深一些的书籍；如果孩子不能理解书中的内容，就应该选择难度低一些的书籍。

其次，选择孩子感兴趣的书。父母应该留意孩子喜欢什么样的书。比如，孩子往书架的方向直接走向某一特殊书架，孩子突然谈论书中的相关内容，孩子发现一本书后便直接放任地读起来，这些情况都说明孩子对这类书比较感兴趣。

能够读懂并产生兴趣的书，孩子才会有阅读的欲望，这是培养孩子阅读兴趣的最基本条件。当然，培养阅读兴趣不是一件简单的事，父母还应该多和孩子一起阅读。

2. 大声朗读，从倾听开始

儿童阅读推广人周益民曾说："匹诺曹的鼻子变得到底有多长，这也全在你的描述里……每天，你的脚步成了孩子们的期盼，你的声音成了他们耳中的天籁，你成了他们的心中想念。"孩子阅读是需要氛围的，与孩子一起大声朗读故事，就非常有利于营造阅读氛围。

因此，父母应坚持为孩子读书或陪伴孩子一起阅读，让他们由倾听爱上阅读。具体实施的时候，在内容上可选择情节曲折、幽默风趣的片段；在朗读方法上要讲究技巧，增强渲染力，比如读到关键处时戛然而止，设置悬念，让孩子参与进来。渐渐地，孩子不但会爱上阅读，而且在阅读能力上也会有一定的提高。

3. 分享阅读，多进行交流

加拿大帕瑞·诺德曼教授曾说："阅读儿童文学的最大乐趣就是加入与他人沟通的行动。"阅读通常是一个人的内心活动，如果长期缺乏交流，不但阅读兴趣会降低，而且阅读能力也难以得到提高。而一旦能够与人分享阅读时的收获，就会进一步激发孩子的阅读兴趣。

因此，父母不仅要和孩子一起阅读，还应该互相交流阅读心得。这样才能让孩子吸收新知识，激发新思考，建立彼此"聊友"的关系，创造"聊书"的氛围，做到平等地聆听、表达，以促进孩子阅读能力的提升。

另外，在平时的阅读交流中，父母可以为孩子设计一些诠释性、批判性、创新性、开放性的问题，构建成相互关联的话题。让孩子在阅读时用自己的视角去解读作品，并与作品固有的世界相互融合，从而建立文学世界与儿童生活世界的联系，让孩子汲取精神的养分，从而更好地成长。

阅读释疑，真正提高儿童语言能力

当下，越来越多的家长开始注重对孩子阅读能力的培养，都希望自己的孩子能够具备浓厚的阅读兴趣，拥有较强的阅读能力。然而，许多父母的做法依旧存在不少问题。如何判断家长培养孩子阅读能力的做法是否正确呢？

1. 儿童阅读到底以谁为中心

一般来说，儿童阅读的主体应该是"儿童"，大多数推广儿童阅读的成年人都会这么认为。然而，在实际操作中却是"以成人为中心"。比如，孩子读什么书由父母决定，孩子如何读听父母的安排，等等。父母总是希望找到一些好书，让书改变孩子的人生观、世界观。

大多数时候，儿童阅读在某种程度上都是打着"以儿童为中心"的"成人立场"。父母应该好好地反思一下，是不是对孩子的阅读内容仍然存在着"不放心"的心态，是不是仍然追求功利性的读书目的。如果是，就应当及时改正。

真正的"以儿童为中心"的阅读，应该是，孩子读什么样的书，孩子自己来决定，孩子要如何读这本书，也由孩子自己来决定，选择读一本书，可以不为了学到什么，甚至可以什么目的都没有，单纯为了打发一下时间。

当孩子拥有这些阅读权利的时候，就说明阅读真正实现了以儿童为中心。不过，这里并不是说孩子可以决定一切，父母的监督也是不可缺少的。多给孩子一些阅读的权利应该以阅读内容健康为前提，对于一些不适合孩子的书籍，应该坚决不让孩子读。

2. 儿童阅读应该坚持哪种方式

对于儿童的阅读方式，有的父母认为应该坚持"引导式的阅读"，而有的父母则认为应该坚持"思辨性的阅读"。那么，到底哪种阅读方式更适合孩子呢？

其实，这两种方式一直是儿童阅读的主要方式。从某种角度而言，它们是不矛盾的，分别属于不同的阅读阶段。很多家长认为"引导式的阅读"属于浅层次的阅读，而"思辨性的阅读"属于深层次的阅读。因此，孩子只做"引导式的阅读"是不够的，应该多做"思辨性的阅读"，对于某种主题多加诠释，多加深入探讨，才有助于儿童对阅读内容有更深更全面的认知。

然而，过于深入的探讨，又容易形成标签化。很多时候，一本书给孩子带来的影响不是第一次读完后的感受，而是在多次反复阅读后的自我体验与省思之中。"思辨性的阅读"就容易将阅读带入"死角"。

因此，在儿童不同的阅读阶段进行不同角度的"引导式阅读"，鼓励孩子一次又一次地反复阅读，让孩子自己领悟，是不是更好呢？而对于更深层次的思辨阅读，则可以在孩子年龄更大一些的时候，让他们自然绽放，自然思辨。

3. 儿童阅读追求乐趣还是绩效

儿童阅读的目的是什么？有些父母认为是为了获得"阅读的乐趣"，但大多数父母更多地认为是为了获得"阅读的绩效"，也有的父母认为，两者之间不存在矛盾，因为"乐趣"是"绩效"的一个方面。

事实上，两者很难做到有机统一。在当下的儿童阅读中，两者甚至出现了极其强烈的矛盾冲突情况。儿童阅读究竟是为了"乐趣"还是为了"绩效"，不同选择会出现完全不同的效果。

比如，有些父母不认为自己的实际行为是在指向"阅读的绩效"，却依然做着这样的事情：阅读时让孩子记住书名、作者、出版社等信息；让孩子记住好词佳句、感受以及读完书的反思；等等。

父母之所以这样做，一是认为可以固化阅读的成果，二是认为可以引导孩子去梳理自己的阅读过程，三是认为可以引导孩子深入去阅读一本书。父母认为，儿童的阅读需要也必须去引导，因为阅读的目的有知识性阅读、实用性阅读、消遣性阅读等，阅读的目的不同，阅读的方式与要求自然也不同。

其实，这些都是一味地追求绩效的做法。如今，父母对儿童阅读的重视程度很高，但仍然难以取得更深入的发展，这与过于重视"阅读绩效"是息息相关的。所以，父母在讲究阅读绩效的同时，是不是更应该关注一下孩子阅读的兴趣呢？

4. 儿童阅读父母该充当什么角色

陪孩子一起读书，父母该以什么角色参与，这是一个存在争论的话题。有的父母认为应该是"亲子阅读"的方式，也有的父母认为应该是"同伴阅读"的方式。那么，这两种方式存在怎样的区别呢？

"亲子阅读"，就是以书为媒，以阅读为纽带，让孩子和家长共同分享多种形式的阅读过程，在孩子课外阅读中起到重要的作用。通过共读，加强父母与孩子之间的沟通和乐趣，给孩子带去智慧、希望、勇气、热情和信心。

"同伴阅读"，是同伴学习在阅读领域的应用，阅读同伴之间通过合作的形式对整本书进行探究、阅读、理解、感悟的过程。在同伴阅读中，父母与孩子共同阅读读物，共同完成阅读任务。

当下，"亲子阅读"占据了儿童阅读推广的主流。但这种方式似乎更适合学龄前的儿童，对于学龄期的儿童其成效并没有想象中大。因此，要想真正改变学龄期儿童阅读存在的问题，就更需要"同伴阅读"了。

不过，父母对"同伴阅读"似乎重视得不够，因为"亲子阅读"可以轻松地进行，而"同伴阅读"则需要父母建立小型读书会，协调不同家庭来进行，难度提高了很多。但只要父母肯尝试，就会给孩子更好的阅读指引，真正培养孩子的阅读兴趣。

即便是亲子阅读，父母也要和孩子成为伙伴，而不是高高在上地引导孩子读书。很多时候孩子的理解并不一定比父母肤浅。父母和孩子是阅读的共同体，只有以伙伴式平等的姿态参与，阅读才会有更多的发现，孩子也才更乐意阅读。

儿童阅读误区，父母知多少

我们知道，阅读所获得的知识对孩子的未来有着重要的作用。阅读不仅可以培养孩子的沟通能力，提高孩子的记忆力、表达能力，还可以培养孩子的创造力和逻辑思维能力。很多父母只认识到阅读的重要性，却对孩子阅读的误区视而不见。

1. 对儿童阅读认识不准确

当下，有不少父母认为，孩子上了小学之后，需要承担很大的压力。为了让孩子拥有一个快乐的童年，他们在学习上不施加任何压力，也不进行引导，完全放任孩子自由地成长。

另外一部分父母则认为，现在社会竞争过于激烈，要想让孩子有所成就，就必须从娃娃抓起，因此非常重视早期阅读的培养，但由于自身的经验不足，在引导孩子阅读上有所疏忽。

其实，这两种想法都是片面的或不够准确的。正是父母对早期阅读的认识不一，才导致了以上两极分化现象的形成。所以，想要提高孩子的阅读能力，父母首先要对儿童阅读树立正确的认识。

2. 过于依赖电子阅读产品

近年来，随着电子书的流行，有些时尚的年轻父母喜欢给孩子选用电子阅读产品，觉得这样既方便又有丰富的资源，可以很轻易地通过网络找到适合孩子阅读的书。

长期使用电子阅读产品，会使孩子产生依赖性，甚至会引发孩子视力下降，缺乏观察力、思考力，学习被动，社交障碍等严重的问题。一旦孩子对电子产品有瘾，有依赖和亲近感，就会导致对课本等纸质书籍不感兴趣。

因此，对于孩子来说，无论是从视力健康还是阅读效果上，都不提倡过早使用电子阅读产品。孩子的阅读启蒙父母必须亲力亲为，而不能盲目依赖机器。

3. 随意选择儿童阅读书籍

当下的儿童图书市场可谓繁杂多样，众多的儿童读物质量参差不齐。有的父母不加以辨别，甚至是没有这方面的意识，随意为孩子挑选阅读书籍，觉得只要是儿童读物即可。殊不知，如果孩子看了质量比较差的图书，很可能会接受一些错误的知识，以后想修正就困难了。

另一个方面，也有的父母过于看重阅读内容而煞费苦心为孩子挑选好书。他们通常按照推荐图书的排行榜和获奖图书的目录来挑选，可是对于好书的定义，就连儿童图书作家也各持己见。判断一本书的好坏，关键要根据孩子的年龄、性格阶段性的表现和个人喜好来决定。

不管是随意挑选还是看榜买书，都不一定适合孩子，真正适合孩子的书，是需要父母带孩子一同去发现的。

4. 阅读课外书籍浪费时间

有些父母很看重孩子小学阶段的成绩，每天都在强调分数，不让孩子花更多的时间去阅读课外书籍，认为这是在浪费时间。然而，父母的这种想法和做法，却让孩子如同小苗一般营养不良，等孩子进入初中阶段，学习就开始乏力。

很多老师都会发现一种奇怪的现象：那些小学阶段靠投入全部时间和精力考取高分的孩子，升入初中后成绩下降神速，这些孩子越学越累，越学越不会学；而那些小学阶段成绩平平，但博览群书、见多识广的孩子，成绩上升得却比较快。

其实，这都是阅读课外书所积累的优势。所以，父母必须要有新的认识，避免孩子陷入阅读误区，端正对儿童阅读的态度，让孩子拥有一个良好的阅读环境，提升孩子的语言能力。

儿童语言能力训练营

○ 找朋友：好玩的汉字组合训练

周末，5个小朋友分别带着自己最要好的伙伴，一起来到公园里玩。他们玩得高兴极了，可是一不小心，5个小朋友和自己的伙伴走散了。你能根据图片帮助他们找一找各自的小伙伴吗？找对了，就用线连一连吧！

答案 "明""思""玩""和""李"。

○ 猜字：寻找走失的"汉字"

小朋友，来瞧一瞧，下面这张图中间的框内，是不是有一个"汉字"不见了呢？其他3个"汉字"都变得不完整了。那么，怎样让这3个"汉字"和这个走失的"汉字"重新待在一起呢？只要找回来，就能拼成3个新的汉字。快来帮忙寻找这个走失的"汉字"吧，寻找前先观察这3个汉字偏旁的特点，你会更轻易地找出来哦！

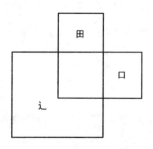

答案 中间的是"力"字，分别组成了"边""男""加"三个字。

○ 客人姓氏：一个奇怪的字

周末，萱萱家来了一位客人。萱萱很客气地向客人问好，并且问客人："阿姨，您贵姓呀？"阿姨迟疑了一会儿，笑着对萱萱说："我的姓，有点奇怪。这个字，去掉上面的部分是字，去掉下面的部分还是字，去掉中间的部分也是字，上下部分都去掉还是字，你猜猜我姓什么呢？"

萱萱疑惑地挠了挠头，思考了一会儿，说："我知道您姓什么了！"小朋友们，你们知道这位阿姨姓什么了吗？快来想想答案吧！

答案 这位阿姨姓"章"。

○ 疑惑的书童：主人刁难的吩咐

冯梦龙是明朝著名的文学家。一年春天，冯梦龙清晨起来，发现后院的桃花开了，心情格外好。此时，正好有一位姓李的朋友来拜会。

于是，冯梦龙开玩笑地说："桃李杏春风一家，既然您来了，我们就到后院去，一面喝酒一面赏看您本家吧！"

他们来到后院，刚坐好，冯梦龙突然想起忘了拿一件东西，于是对书童说："你快去拿一件东西，送到后院来。"书童问："是什么东西？"

冯梦龙随口就编了一个谜语："有面无口，有脚无手，又好吃肉，又好吃酒。"书童听了一脸茫然，不知道该拿什么来。小朋友们知道是什么吗？（古时的一种日常器皿）

答案 酒樽。

○ 猜诗谜：秀才串门说了啥

古时的秀才都喜欢摆弄文字。有一天，张秀才在家清闲无事，便决定去好友家串个门。刚到门口，就撞见了友人，于是双拳一抱，说了一首诗："寺字门前一头牛，二人抬个哑木头，未曾进门先开口，闺宫女子紧盖头。"

友人听后，迟疑了片刻，明白了其意思，于是作诗答道："言对青山不是青，二人土上在谈心，三人骑头无角牛，草木丛中站一人。"

张秀才一听，便哈哈大笑起来，原来友人说的和他说的都是问

候语，双方都领会了对方的意思。你能猜出他们两个人说的到底是什么吗？（每句诗分别是一个字）

答案 张秀才说的是"特来问安"；友人说的是"请坐奉茶"。

○ 有趣的推销：谁能拿走玉雕仕女

一位做玉器生意的老板，为了吸引更多的顾客前来店里光顾，特意想了一个精明的办法。他将一件一寸大的玉雕仕女摆在陈列台上，并在旁边写道："本店愿以谜会友，谜面是一寸人，打一字，猜中者，便可获得这玉雕仕女。"

老板这一招果然很有效，前来猜谜的人越来越多，店里每天顾客盈门，生意也比以前好了，只是过了许久也没有人猜出谜语。

这天，老板依旧拿着"一寸人"在门前炫耀。这时，人群中走过来一位姑娘，一把夺过老板手中的玉雕，转身便离开。老板微笑着看着姑娘走开。众人很不解地问老板为什么不去追，老板说："她猜对了。"

你知道这个谜底的答案吗？

答案 谜底就是"夺"字。

○ 汉字字阵：你能看出几个成语

学龄期的孩子已经掌握了日常的大部分汉字，父母可以通过一些字词游戏来培养孩子的语感。比如下面这个令人眼花缭乱的字阵中，就隐藏着10个常见的四字成语，不妨让孩子试着把它们找出来吧！

这些隐藏的成语有的是以横读方式排列的，有的是以纵读方式排列的。看看孩子能在多长时间内找出所有成语。

天下和平易近人他马股高金掌

里才肉陈字追与九和血是毛木

有气属走如文演亦四面楚歌尔

隆纵于鲁日至敏拱当行楚于尺

斗横追雪中送炭厥阴汪动约斤

日他庆华天是使什和学人李有

令眉及牙工日积月累开哲分切

言飞天玄等下马见盖卷迅去片

往色陈以火和行起物有思约欠

才舞杜理松任空乌涨益被回身

裁量股斗雅是每山推陈出新决

答案 横看有平易近人、四面楚歌、雪中送炭、日积月累、推陈出新；竖看有才气纵横、眉飞色舞、如日中天、开卷有益、楚楚动人。

○ 幽默的父子：新年礼物是什么

以前，有一对很有意思的父子，他们说话含蓄幽默，从来不开门见山，经常用猜谜的方式进行交流，彼此相处得非常和睦。

新年快到了，父亲问儿子："你想要什么礼物？"儿子想了想，说道："阶下儿童仰面时，清明装点最适宜，游丝一断身无力，莫向东风怨别离。"

父亲听后，笑了笑，说："这个礼物我明天给你做一个吧，一定会很好看的。现在倒是有一样东西需要你去买。"儿子问："是什么东西？"父亲说道："身上穿红袍，肚里真心焦，惹起心头火，跳得八丈高。"

儿子二话不说，蹦蹦跳跳往街市上去了。你知道父子分别要的是什么东西吗？

答案 儿子要的礼物是风筝，父亲要买的是爆竹。

○ 成语动物园：一起填一填

暑假，爸爸妈妈和浩浩一起去参观动物园。动物园里的动物真多，浩浩在园里玩了整整一天才不舍地回家。

回到家，浩浩的爸爸想考一考浩浩，看他还记不记得在动物园里看到过的动物。于是，就有了下面这些成语填空。浩浩很快就填完了，你会填吗？

__背__腰	门可罗__	杯弓__影	尖嘴__腮
河东__吼	老__识途	__死谁手	__吞__咽
盲人摸__	缚__之力	守株待__	__假__威

答案 虎背熊腰　门可罗雀　杯弓蛇影　尖嘴猴腮
河东狮吼　老马识途　鹿死谁手　狼吞虎咽
盲人摸象　缚鸡之力　守株待兔　狐假虎威

042

第三章

── 记忆力大比拼 ──

超强记忆是好头脑的表现

记忆力是智力的重要体现，是指一个人识记、保持、再认识和重现客观事物所反映的内容和经验的能力。比如，过目不忘就是拥有超强记忆力的表现。可以说，拥有良好的记忆力，对孩子高智商的培养起着重要的作用。

了解记忆力分类，打造儿童好头脑

记忆属于人的心智活动，它代表着一个人对过去活动、感受、经验的印象累积。记忆的分类有很多种，按照记忆保持的时间可以分为瞬时记忆、短时记忆和长时记忆。

1. 瞬时记忆

瞬时记忆又叫感觉记忆，是指借助于神经细胞活动状态的延续而产生的记忆，保持的时间只有0.25～2秒。当事物刺激停止后，大脑会在一个很短的时间内保持它的映像。虽然这种记忆的信息量极为有限，但正是依靠它才把前后接收的信息连成一个整体。

2. 短时记忆

短时记忆一般都保持在1分钟之内。我们从电话号码簿上查到一个号码，立刻根据回忆拨出这个号码，事后就忘记了；翻译人员把一两句话译成另一种语言，并很快地忘掉原话，再继续翻译后面的话。这些都属于短时记忆。

短时记忆虽然时间短，但仍可以充分意识到内容，并可以通过重复在一定时间内保持记忆，如多次重复可以转入长时记忆。

3. 长时记忆

长时记忆是指信息经过充分的和有一定深度的加工后，在头脑中长时间保留下来的记忆。从时间上看，凡是在头脑中保留时间超过1分钟的记忆都是长时记忆。长时记忆的容量很大，所存贮的信息也都经过意义编码。我们平常说的记忆力好坏，主要是指长时记忆。

除此之外，按照记忆的目的性，还可以分为无意记忆和有意记忆。

1. 无意记忆

无意记忆就是没有目的性，不需要采取任何记忆方法的一种记忆，是自然而然记住的。在日常的生活、工作和学习中，有许多知识经验都是无意间记住的。通常具有新奇特点，能激发人的情感、引起人兴趣的事物，都会不自然地闯入大脑并深深地保留下来。

2. 有意记忆

有意记忆是有明确记忆目的并采取相应记忆方法和努力的记忆。比如，孩子学习科学知识时，有意识地识记和保持所学的内容，通过背诵、练习有关的概念、公式等，在应用或考试时有意识地把它们再现出来，以解决当前的问题，这就是有意记忆。这种记忆按其采用的方法又可分为机械记忆和意义记忆两种。

（1）机械记忆，就是在不理解材料意义的情况下进行强记。所谓不理解材料，一是指记忆的材料本身没有什么意义，如历史年代、地理名称等；二是指材料本身虽有意义，但人未能理解。机械记忆的基本条件和方法是复习。

（2）意义记忆，是在理解材料意义的情况下进行记忆，如背诵诗歌，记住某篇材料的大意和要点等。所谓理解材料意义，是指要尽可能地把材料吃透。例如数学公式、物理定律等，然后通过有意记忆来记住。

培养儿童记忆时，我们更强调长时记忆和有意记忆，因为这两种记忆对孩子来说意义更大。当然，其他记忆也不可忽视。父母只有深入了解记忆的分类，才能在培养孩子的记忆力时游刃有余。

记忆力，影响儿童的一生

记忆是什么？简单地说，就是过去的经验在大脑中的反映。我们的日常活动时刻依赖着记忆，生活中的点滴也离不开记忆。好的记忆力是成功的必备条件，不过要想获得良好的记忆力，需要从小培养。

孩子天生具备超强的学习能力，能够随时随地获取各种信息，完善和丰富自己，不断取得进步。学习是孩子自动化的、稳定性的内在需要。父母需要做的是做好引导，帮助孩子提高学习效率。

有些父母存在误区，认为记忆力是天生的，孩子记忆力差是因为天资愚钝。其实不然，孩子记忆力的好坏与父母对其记忆力开发的程度，以及孩子本身记忆的条件和记忆的方法有关，而且受到动机、兴趣、身体素质、情绪等的影响。

有研究表明，孩子出生后两三天就有一定的记忆力，随着年龄的增长，记忆力会获得自然的发展，但必须要有目的、有计划地训练，才能更有效地提高孩子的记忆力。我们常说，天才是百分之一的天赋加上百分之九十九的汗水。也就是说，孩子的记忆力虽然存在个体差异，但可以通过后天的培养和练习得到加强。

父母要注重对孩子记忆力的培养，因为孩子的学习、考试都需要记忆，记忆力好的孩子知识掌握得牢固，成绩也好。可以说，记忆力是孩子智力发展的基础，它是孩子大脑对于经历过的事物进行储存和再现的能力。对于处在学习阶段的孩子来说，记忆力的优劣直接决定了孩子学习成绩的优劣。

另外，记忆力的用处不仅仅体现在孩子的学习上，当孩子成年之后，还会把好的记忆力带到生活和工作中去。在生活中，拥有好的记忆力不会丢三落四，能够记住朋友们的生日，及时送上一份温馨的祝福；在工作中，拥有好的记忆力能够记住那些复杂的生产流程、产品特性、销售艺术、管理科学以及更多重要客户的信息，这些信息有助于提升工作业绩。

可见，人的生活、学习、工作等，都离不开记忆，记忆是智力活动的仓库。人的一切思维和创造都建立在记忆之上，拥有的记忆信息越多，思维就越敏捷，大脑的创造力也越强。记忆不仅是大脑积累知识、经验的一种功能，更是一切心智活动的起点。

孩子的记忆潜能是巨大的。著名科学家冯·诺依曼通过研究认为，人一生的记忆储量，相当于七八千万册图书的信息量，然而，我们所利用的大脑潜能只是极少的一部分，一个人一生最多只发挥了大脑潜能的10%。

因此，在孩子智力发育十分重要的儿童时期，如果父母能够意识到记忆力对孩子的重要影响，关注孩子记忆力的发展，教给孩子科学的记忆方法，打造孩子超强的记忆大脑，孩子的智力将会得到事半功倍的发展，好的记忆力也必将伴随孩子的一生。

儿童记忆力有差别，受哪些因素主导

为什么有的孩子具有超强的记忆力，背东西看一两遍就能记住，而有的孩子记东西却需要费九牛二虎之力？其实，孩子的记忆力之所以存在较大的差别，除了先天的因素之外，环境、情绪等因素对孩子记忆力的培养也有着一定的影响。

1. 环境因素

在培养孩子记忆力的过程中，环境因素包括两个方面：

一方面是指自然环境，比如孩子进行书本知识的记忆时，可以选择公园、草地等安静的环境，这样更有利于孩子快速地记忆。

另一方面是指家庭环境，一个好的家庭环境对培养孩子的记忆力很重要，如果家庭存在暴力因素，家长经常打骂孩子，这样教育出来的孩子记忆力肯定不好。因为孩子在脑细胞发育时期受到打压，脑细胞会受到损伤，从而导致记忆力下降。

2. 情绪因素

孩子在1岁后开始形成自我意识，随着年龄的增长，主观意识越来越强，开始对事物进行选择性记忆，情绪的好坏影响孩子对记忆的选择。所以，父母在培养孩子记忆力的过程中，要让孩子保持愉悦的心情。

在日常生活中，父母不要动不动就指责孩子，否则一旦孩子产生抵触情绪，就不愿意接触和记忆事物。有时候，父母对孩子的一些"破坏行为"不理解，责骂孩子，就会导致孩子情绪低落，记忆力自然会下降。

另外，孩子在受到打骂后，心里会有阴影，时常担心自己的行为会被责骂，很难从健康、阳光的方向去思考。只要孩子的行为不伤害别人，父母就不要随便打骂孩子，而要营造宽松、健康的环境，这样才更有助于孩子记忆力的提高。

3. 外界刺激

有些父母会发现，别人家的孩子记东西又快又好，而且能够记很长一段时间；而自己家的孩子则相反，生活中总是丢三落四，且记过的东西很容易遗忘。因此，他们常常感叹别人家的孩子都是优秀的孩子，自家的孩子怎么看怎么不顺眼。

其实，孩子记忆力的好坏，不仅仅是孩子的问题，与父母的培养也息息相关。孩子记忆力的好坏与外界刺激时长、数量多少有关，外界刺激时间越长、数量越多，孩子的记忆力越强。因此，父母应该让孩子多接触外界事物，让孩子不断地重复学习、记忆、实践。

4. 智商高低

智商是指一个人对知识的掌握程度，反映一个人的观察力、记忆力、思维力、想象力、创造力以及分析问题和解决问题的能力。一个人的智商更高，就表明了他比别人更聪明或掌握更多的知识。

　　智商是决定孩子记忆力高低的基础。有实验证明，经过专业记忆力训练的孩子，比没有经过任何记忆力训练的孩子记忆东西要快。比如，同样是一首诗，前者只要读一两遍就可以记住，后者可能要读十几遍才能记住。因为，孩子的认知水平等智商因素是影响孩子记忆力强弱的重要因素，认知水平越高，记忆东西就越快越长久。

　　另外，过分呵护也会降低孩子的记忆力，比如让孩子整天待在家里，孩子就会有依赖感，对记忆东西产生怠倦，久而久之记忆力就会下降。所以，要让孩子有良好的记忆力，不仅要培养孩子的独立意识，还要根据孩子的成长特点，多方法、多方面地进行培养。

儿童记忆力训练应遵循的原则

一般来说，不同年龄的孩子记忆特点也是不同的。1岁以内的孩子记忆力具有短暂性，记东西一两天就会忘记；1~3岁的孩子记忆时间较长，开始大量吸收知识，而且记忆更清晰，具有思维逻辑性；3~6岁的孩子除了记忆时间较长外，还开始根据自己的爱好等有选择性地进行记忆；6岁之后的孩子开始将知识、内容结合起来记忆东西，比如将标记与符号结合或将物体与符号等结合记忆。

因此，父母在培养孩子的记忆力时，要遵循一定的原则：

1. 遵循不同年龄阶段记忆力的特性

首先，父母要了解不同年龄段孩子记忆力的特性，满足孩子不同阶段的认知需求。比如，对于6岁以上的孩子，父母应该在字义的基础上对事物进行详细的描述，让孩子多阅读书籍，在孩子认知事物的基础上引导孩子实际运用所认识的事物，教孩子怎么运用，怎么操作，让其在实践中巩固并提高记忆力。如在教孩子学习成语时，父母不仅要告诉孩子成语的意义，还可以进行情景表演，这样更有助于孩子记忆。

2. 根据孩子自身记忆的表现进行训练

孩子在记忆活动中表现出许多特征，这是不同时期的孩子所特有的现象。父母在训练孩子的记忆力时，要充分了解孩子各方面的表现，然后才能有的放矢地进行训练。

一般来说，孩子的有意识记忆较差，无意识记忆较强。也就是说，孩子常常会随意地记住一些东西，而对于那些要求孩子记忆的东西却往往记不住。父母应该抓住孩子记忆的这些特点，利用孩子无意识记忆的优势，让孩子在无意中记忆一些知识。比如与孩子一起谈论一些要记忆的知识，这样孩子就会在不知不觉中熟记这些内容了。

孩子有意识记忆较差时，父母要抓住时机，促进孩子有意识记忆能力的发展。比如，利用"自订计划"的方法，即让孩子为自己制订一个记忆的计划，今天要记什么，明天要记什么，然后由父母督促完成。一段时间后，孩子的有意识记忆会得到明显的改善。

3. 用孩子能理解的语言指导训练

不少父母在教孩子各种知识的过程中，由于不懂得孩子的心理特征，把孩子当作成人对待，对孩子讲话或指导孩子学习时常用成人式的语言，往往使孩子难以理解，效果自然不好。于是，父母就觉得孩子脑子笨，不聪明。

其实，并不是孩子笨，而是父母的方法不对。父母在指导孩子训练时，一定要有耐心，发现孩子完成得不好时，不要急躁，更不能灰心丧气停止训练，而要找一找原因，想一想是不是自己的方法让孩子不能接受。

进行儿童记忆力潜能训练的原因

　　孩子意味着未来，开发孩子的大脑智能，培养出智力超常的儿童，不仅是社会关注的问题，更是父母应该关心的问题。其中，孩子记忆力的开发是发掘其所有潜能的一个最重要的方面。当然，不同的年龄阶段，训练的内容、方法是不一样的。只有进行科学而系统的记忆力训练，才能培养出超常智力儿童。

　　在培养孩子记忆力的时候，虽然遗传因素对孩子的记忆力有一定的影响，但对记忆力发展起决定作用的还是后天的训练。事实证明，即使遗传因素特别优秀的儿童，如果不及时进行科学的培养训练，记忆力也得不到很好的发展。

　　生理学研究表明，人的大脑能够记忆5亿本书，但目前，即便是世界上记忆力最好的人，也没有发挥出1%的潜能。虽然影响记忆力发挥的因素是多方面的，但缺乏科学系统的记忆训练，尤其是在记忆力发展的关键期缺乏理想的训练，是影响孩子记忆力潜能发展的重要因素。所以，父母要善于把握孩子记忆力发展的关键期，抓住孩子记忆力训练的最佳时机。

　　一般来说，智力是由多种能力组成的，而各种能力都有其最佳的发展阶段，心理学上称之为"关键期"。在这种关键期，相应的某种能力发展最快，也最容易得到发展。比如，孩子在1～7岁时是记忆力发展的最佳时期，如果这个时期对孩子进行科学而系统的训练，其记忆力将得到理想的发展，而一旦错过就难以弥补。

之所以要对孩子进行记忆力潜能的训练，是因为良好的记忆力对孩子来说非常重要。

1. 记忆力是孩子心理全面发展的基础

人的能力是由观察力、记忆力、思维力、想象力、操作力、创造力等组成的，而其中记忆力是整个智力结构的基础，在发展的不同年龄阶段，人的各种能力在智力结构中所处的地位和作用并不一样。记忆力对孩子智力的发展起着决定作用，一个记忆力差的孩子，他的总体智力也一定是落后的。

记忆力的发展对孩子智力的发展和心理素质的全面发展起着关键作用，父母要想培养孩子的智力，首先就应该培养孩子的记忆力。超常记忆力为孩子超常思维力、超常想象力的获得打下了坚实的基础。

2. 为非智力因素发展提供心理基础

培养孩子成为杰出的人才，不仅需要发展孩子的智力，还要发展孩子的气质、性格、情感、意志等。儿童时期正是人的非智力因素萌芽的时期，这个时期孩子对情感、情绪的体验，对交往活动和环境的记忆，对于优秀非智力因素的形成和发展都处于关键期。

如果孩子记忆力不好，便不能很好地记忆各种交往活动中的情感与情绪变化和体验，因而不能很好地把握各种对他们的性格、气质的形成有益的内容。许多对孩子非智力因素发展有意义的信息，不能在孩子的大脑中形成记忆模块，因而影响非智力因素的形成和发展。

相反，如果孩子的记忆力发展良好，就容易掌握对非智力因素发展有利的因素，并牢牢保持在大脑中，从而为形成优秀非智力因素准备最佳的条件。

所以，无论是从孩子心理全面发展上来看，还是从培养孩子的非智力因素来看，对孩子进行记忆力潜能的训练都是非常有必要的。父母千万不要认为，只要孩子智力正常，就让他顺其自然地成长。若能进行一些适当的记忆力训练，会让孩子更加优秀。

提高儿童记忆力的有效方法

　　记忆力是孩子积累知识的关键，也是孩子减轻学习负担的有效方法。在当下流行的"题海战术"的学习中，孩子往往学习成绩不见提高，反而身体垮了，记忆力也变差了。之所以出现这样的现象，其实就是只注重量不注重质的后果。

　　那么，如何改变这种现状呢？最重要的还是提高孩子的记忆力。题做得再多，如果记不住，也是在浪费时间。当然，记忆是建立在理解的基础上的，父母可以通过以下方法来增强孩子的记忆力：

1. 形象记忆法

　　形象记忆法也称为趣味记忆法，是指用谐音等把学习知识编成便于记忆的成语、故事情境等，以引起孩子的兴趣。因为孩子一般对事物的外在特点和具体形象记忆较快，记得也牢固。直观形象容易记忆，是因为直观形象所含的信息量大于语言文字的信息量。

　　所以，在孩子记忆一些抽象的事物时，父母应该尽可能地帮助孩子将抽象的、难以理解的知识转化为更形象化的和易于理解的知识，这样孩子记忆起来就容易多了。

2. 分类记忆法

孩子需要记忆的知识很多，如果不讲究逻辑，就会非常混乱。因此，需要分类记忆来解决这一问题。所谓分类，就是归类，如按物种、颜色、性别、学科等进行分类。这样抓住了事物的属性、特征分类记忆，可以大大提高孩子记忆的效率。

3. 联想记忆法

任何事物之间都是相互联系的，记忆事物时，可以按事物彼此间的关系去识记。美国心理学家威廉·詹姆士说过："一件在脑子里的事实，与其他多种事物发生联想，就容易记忆。"可见，让孩子学会联想记忆法是非常有必要的。

一般而言，联想记忆法有接近联想、对立联想等。比如，当想起某人的名字时，容易联想到他的工作等，这就是接近联想；如果用一事物恰好与另一事物相反这一特性来记忆，则是对立联想。如记英文单词时，将大小、长短、多少等归类记忆，记忆的效果就要好得多。

4. 过滤记忆法

在这个信息大爆炸的时代，人的大脑每天需要接收大量的信息，而人的记忆是有限的，所以需要过滤一些无关紧要的信息，只选重要的信息储存到大脑中。这里的"过滤"是指把那些无用的信息删除掉，只记忆几个重要信息。这种方法应用到孩子的学习上，就是要抓住重点传授知识，做到举一反三，达到牢记重要信息的目的。

5. 重复记忆法

遗忘是记忆事物时出现的不可避免的一种现象，遗忘曲线告诉我们，当我们记忆不重要的事物时，20分钟内就会遗忘47％，第2天以后遗忘66％，到第6天遗忘75％，到第31天遗忘79％。

这个结果告诉我们，遗忘不但是不可避免的，而且其规律是先快后慢。所以，必须让孩子及时复习所学知识，"重复"可以大大地提高记忆的能力。如果等到遗忘了再复习，效率就会大大降低。父母要意识到反复读、写是提高孩子记忆力的重要方法。

6. 快速阅读记忆法

在阅读训练中，通常很多孩子喜欢一字一句地阅读，一边理解一边记忆看过的内容，这样记忆的速度自然会慢一些；而快速阅读，则能够在短时间内理解并记住看过的内容。如果父母能够让孩子多进行快读训练，便能开启记忆的大门。

总之，要让孩子的记忆力提高得又快又好，最好的方式就是让孩子参与到实践中去。只有充分实践这些记忆方法，孩子的记忆才会真的有所长进。另外，父母不要盲目要求孩子死记硬背，也不要盲目让孩子参加记忆培训，生搬硬套的方法很可能适得其反。只有真正了解孩子，根据年龄阶段的特性进行记忆力培养，才是正确的方法。

儿童记忆力训练营

● 选图形：眼花缭乱的小人儿

　　记忆力训练是很烧脑的一项活动，但同时也很锻炼孩子的大脑。请花1分钟时间记忆下面这几幅小人图，然后完成下面的练习，看看你能否正确指出上图出现过的图形。

　　请在下面这组图形中，找出上面图中出现过的图形。

● 旅行路线：记忆列车时刻表

　　暑假来了，小明一家准备从赣州坐Z108次列车去北京游玩，沿途需要经过很多站。请仔细看下图的列车时刻表，记忆表中的信息，然后回答下面的问题。

发/到站	站名	日期	到达时间	开车时间	停车时间	里程
发	深圳	–	始发站	14:50	–	0
到	惠州	第一天	16:10	16:16	6分	115公里
	赣州	第一天	20:29	20:32	3分	511公里
	吉安	第一天	22:23	22:26	3分	697公里
	南昌	第二天	00:40	01:03	23分	923公里
	阜阳	第二天	05:58	06:05	7分	1467公里
	菏泽	第二天	08:23	08:25	2分	1740公里
	聊城	第二天	09:32	09:36	4分	1896公里
	衡水	第二天	10:58	11:00	2分	2048公里
	北京西	第二天	13:15	终到站	–	2322公里

1. 从起点到终点一共有几站？

2. 列车从哪个站起已经进入了第二天？

3. 列车在什么时候到达菏泽？

4. 衡水的前一站是哪站？

5. 列车从深圳到北京，一共行驶了多少公里？

答案

1. 10

2. 南昌

3. 08：23

4. 聊城

5. 2322公里

○ 数字记忆：有趣的地理知识

请把下面5组数字用2分钟时间牢牢记住，并记住它们代表的意思。然后，通过你的记忆完成下面的练习。

1. 珠穆朗玛峰的高度：8844.43米

2. 长江的长度：约6300千米

3. 黄河的长度：5464千米

4. 中国的国土面积：约960万平方千米

5. 北京与上海的距离：约1200千米

请根据你的记忆填空，看是否能够记住上面这5组数据。

1. 珠穆朗玛峰的高度：____米

2. 中国的国土面积：____万平方千米

3. 黄河的长度：____千米

4. 长江的长度：____千米

5. 北京与上海的距离：____千米

○ 找数字：集中注意力训练

下面表格中共排列了100个数字，请你在这些数字中按顺序找出10个连续数字，例如5～14或70～79等。根据你找到这些数字所花的时间，可以了解你在集中注意力时的记忆力。赶快来试试吧！

12	33	40	97	94	57	22	19	49	60
27	98	79	8	70	13	61	6	80	99
5	41	95	14	76	81	59	48	93	28
20	96	34	62	50	3	68	16	78	39
86	7	42	11	82	85	38	87	24	47
63	32	77	51	71	21	52	4	9	69
35	58	18	43	26	75	30	67	46	88
17	64	53	1	72	15	54	10	37	23
83	73	84	90	44	89	66	91	74	92
25	36	55	65	31	0	45	29	56	2

● 木制书架：回忆每层放的物品

过生日的时候，爸爸给雨晴买了一个木制书架。书架一共分为3层，每层都是由方形木条铺成的。

雨晴把各类课外读物放在书架最高层；最下层放的是他的奖状和作业本等，它们记录着雨晴的成长历程；中间这层放的是学习工具书，如《现代汉语词典》《新华字典》《英汉词典》等，一有不懂的地方，雨晴就找它们解决。整个书架成了雨晴学习不可缺少的一部分。

现在，请你回忆一下雨晴的书架每层都放了些什么？不要返回去找答案哦！凭着记忆填一填下面的表格：

层数	所放物品
第一层	
第二层	
第三层	

答案 第一层：课外读物。

第二层：学习工具书，《现代汉语词典》《新华字典》《英汉词典》等。

第三层：奖状、作业本等。

● 记忆符号：看图形识数字

丫丫是个侦探迷，喜欢破译各种密码。一天，她看到一种用数字和图形符号表示的密码，非常感兴趣。聪明的丫丫很快就记住了图形代表的数字密码。下面就是丫丫看见的图形符号密码，它们各代表一个不同的数字，你能在2分钟内记住每个图形代表的数字，然后破译下面的密码吗？

★	□	☆	◇	△	○	×
5	3	8	2	6	4	9

请不要看上图，凭着记忆把下面几组图形代表的数字密码写出来。

○	◇	☆	×	△	★	□

×	□	○	◇	☆	△	★

○ 找成语：谁是不速之客

请用1分钟熟记下面这组成语，然后在接下来的一排成语中找出没有出现过的成语，看看谁是不速之客。

一心一意、一事无成、一表人才

一言为定、一马当先、一团和气

一鸣惊人、一知半解、一模一样

一叶知秋、一反常态、一本正经

谁是不速之客呢？

一心一意、一事无成、一团和气、一表人才、一言为定、一马当先、一鸣惊人、一知半解、一本正经、一模一样、一网打尽、一叶知秋、一反常态。

答案 一网打尽。

○ 大雁往南飞：数一数有几只

秋天到了，天气凉了，树叶黄了，一片片叶子从树上落下来，天空那么蓝，那么高。一群大雁往南飞，1只在前，6只在后；1只在后，6只在前；1只在左，6只在右；1只在右，6只在左。你能说出这群大雁共有多少只，是什么样的队形吗？

答案 共有7只，人字形。

○ 快速记忆：将数字填入表格

下面是几组阿拉伯数字，请用10秒记住这些数字，然后在下面的表格中填写出来。

练习，请在下面的表格中填写出上面出现的数字。

○ 记忆编号：解密凹凸镜密码

林林在第一个房间摆了9面镜子，分别是"凸凸凹凹凸凹凹凹凸"，这个房间的编号是"001101110"。接着他在另一个房间也摆了9面镜子，分别是"凸凹凹凸凸凹凹凸凸"，那么，你知道这个房间的编号是多少吗？请选出正确答案。

A. 100111100　　B. 011001100　　C. 011000111

D. 100011100　　E. 011000011

第四章
── • 数字力训练 • ──
快速运算的"头脑风暴"

数字力不仅是指数学的运算能力，

还指用数字思考判断决定事情优先顺序的能力。

在这个数字时代，数字象征着理性，它可以将抽象概念具体化，

而理性则是当下最基本和最普遍的概念。

可以说，数字力在一定程度上决定了孩子未来的成就。

学龄期儿童数学智力的发展

学龄期是儿童打基础的学习阶段，这时儿童开始了以学习为主导的活动，在智力上也发生了比较大的变化。从学龄期儿童的整个智力活动的发展来看，主要是从口头语言向书面语言过渡，从具体形象思维向抽象思维过渡，而且在感知、记忆、思维、想象等其他智力方面也发生着变化。尤其是以下几项能力的发展，大大促进了儿童智力的发展。

1. 数字概括能力的发展

掌握概念与知识积累、智力发展是息息相关的，而概括的水平是掌握概念的前提，因此培养孩子的概括能力十分重要。一般来说，学龄期儿童的数字概括能力呈现以下发展水平。

（1）直观概括水平。指依靠实物或掰指头的方法来掌握10以内数的概念，一旦离开这种方法，就无法正确地认识数字。

（2）直观形象概括的运算水平。学龄期儿童，数学能力进入了"整数命题运算"阶段，即掌握了一定整数的实际意义、数字的大小和数字的组成。这个阶段，有些数字的运算、数字的范围超过了孩子的实际生活范围，由于缺乏数字表象，孩子并不能真正理解数字的实际意义。不过，这并非没有意义。只要孩子能够做到，就可以适当地练习。

（3）形象抽象的运算水平。这个阶段的儿童掌握了大量数字的实际意义，不但掌握了多位整数，而且掌握了分数，简单正负数的大小、顺序和组成。空间表象也得到了发展，儿童可以从大量几何图形中概括几何概念，并掌握一些几何体的计算公式和定义。

（4）初步代数的概括运算水平。即不仅掌握了算术运算中的"子集合"，还掌握了"交集合"和"并集合"。

（5）代数命题概括运算水平。即根据假定进行概括，完全抛开算术框图进行运算，能够做到这一点的学龄期儿童是非常少的。

这五个阶段基本体现了学龄期儿童数字概括水平的发展。一般来说，一年级的孩子是在学前思维的基础上发展而来的，属于具体形象概括；二三年级从具体抽象概括向抽象概括过渡；四年级出现一个突变，大部分孩子进入了初步代数的概括运算，但具体到个体是存在差异的。因此，父母应该理性地看待孩子数字概括水平的发展，只要保持在正常的范围就不必担心。

2. 命题、运算能力的发展

一般来说，学龄期儿童命题运算形式的发展需要经过肯定、否定、合取、析取四个阶段。不同年级的儿童对不同的命题演算形式表现出不同的能力，他们掌握不同的命题演算形式的顺序是肯定——否定——合取——析取。整个学龄期，从四年级起儿童就明显地能够掌握合取和析取命题的演算形式。

另外，与数学命题相关联的是法则运算。思维过程是遵循一定法则的，思维法则是对事物的客观规律的反映。孩子掌握数字概念与运算思维时应遵循的法则有很多，主要运算法则有交换律、分配律、结合律、二重否定律等。

以运用法则的范围与正确率为指标，学龄期儿童掌握运算法则可分为三级水平：一级是在数学习题中运用运算法则；二级是在简单文字习题中运用运算法则；三级是在代数式和几何演算中运用运算法则。

有研究认为，80%以上的一年级儿童从入学的第二学期起，就可以在简单数字演算中运用交换律、结合律和分配律；三年级的大部分儿童能在简单文字演算中运用交换律、结合律和分配律；四年级之后逐步掌握算术运算中的二重否定律。

3. 推理能力的发展

学龄期儿童推理能力的发展，主要表现在归纳推理与演绎推理两种能力上。

（1）归纳推理能力。学龄期儿童的归纳推理可以分为直接归纳推理、简单文字运算中直接归纳推理、间接归纳推理、初步代数式的间接归纳推理四个级别。一般而言，一年级儿童大部分可以在简单数学中进行直接归纳推理；二三年级半数以上的儿童能在简单文字演算中进行直接归纳推理；四五年级的多数儿童可以在复杂的算术中进行多步骤间接的归纳推理，并有少数儿童进入初步代数归纳推理水平。

（2）演绎推理能力。演绎推理能力是以一般命题引发特殊命题的推理方法的能力。学龄期儿童的演绎推理能力一般表现为：一年级的大部分儿童可以将简单算术原理、法则作为大前提进行演绎运算；二三年级70%以上的儿童能用字母表示简单公式、原理和法则，并加以具体化；四五年级的多数儿童可以在算术范围内，将原理、公式进行多步演绎和具体运算，并开始掌握一些初等代数和几何原理的演绎运算。

　　这些智力的发展为学龄期儿童的数字学习提供了智力基础。学龄期儿童开始系统地学习数学，逐步掌握运算法则。不仅要思考、解决各种问题，还要注意如何去思考和发现事物的本质联系；不仅要记住公式和定义，还要去识记和熟记，这促使儿童自觉性和有意性的发展。父母应把握住孩子各项能力发展的阶段，培养其大脑智力。

儿童对数字概念的掌握及其运算能力的发展

我们知道，儿童在刚出生时是没有思维的，1岁以后开始出现一定的"概括性"思维活动，直到3岁，儿童的思维基本属于直观行动思维，6岁后才开始真正地大力发展。那么，儿童对数字概念的掌握及其运算能力是如何发展的呢？

1. 对最初数字概念的掌握

概念的掌握是指成人利用语言工具，把概念传授给儿童。儿童掌握一个概念往往不是一次完成的，而是要随着儿童知识经验的丰富和思维水平的发展不断充实和改造的。因此，每个儿童在相同或不同的阶段所掌握的同一概念的深度和广度是不同的。

儿童掌握概念的特点直接受他们概括水平的制约。一般幼儿概括的内容比较贫乏，一个词最初只代表一个或一些具体事物的特征，渐渐地才丰富起来，而且大多数时候概括的特征是外部的、非本质的以及概括的，内涵往往不精确。

正是由于这些特点，儿童在幼儿初期对概念掌握的广度和深度都是有限的，他们一般只能掌握比较具体的实物的概念，而不易掌握一些比较抽象的性质概念、关系概念、道德概念。在正确的教育下，6岁左右的儿童才初步地掌握某一实物概念的本质特征，但这要取决于这些实物是否为儿童所熟悉，也取决于儿童是否掌握了进行抽象概括时所需要的词。

儿童在学习概念时，对事物或现象的意义有了充分理解后，就可以进行分类。通过分类，儿童可以逐渐掌握概念系统，6岁以上的儿童逐渐能按事物的功用和本质特点来分类，这说明此时儿童的抽象概括能力已经开始发展起来。

不过，数字概念和实物概念比较起来，是一种更加抽象的概念，因而在儿童智力发展过程中，掌握数字概念比掌握实物概念晚一些，也难一些。

2. 数字概念的发展

儿童掌握最初的数字概念是一个复杂的过程，会数数并不等于掌握了数字概念，口头数数只是掌握数字概念的第一步，还要经过给物说数、按数取物的阶段，才能掌握数字概念。所谓掌握数字概念，包括理解数字的实际意义、数字的顺序、数字的组成。

（1）儿童数字概念的形成和发展有明显的年龄特征。6岁左右的儿童绝大多数能口头数到"100"，给物说数和按数取物能力也接近"100"。6岁之后，儿童掌握的数字概念会进一步迅速增加。

（2）6岁左右是儿童形成与发展数字概念的关键年龄阶段，也是一个飞跃时期。

（3）计数能力的出现不等于数字概念的形成，计数的程度也不等于掌握数字概念的程度，这是因为概念所反映的是事物的本质属性，具有更强的抽象性，所以从计数能力的出现到数字概念的形成，要经过一段曲折的道路。

需要注意的是，在数字概念的发展过程中，不同儿童对同一个数字概念的获得所花费的时间是不一样的。儿童在数字概念的形成和发展中存在着个体差异，并且这种差异随着年龄的增长而增大。

3. 运算能力的发展

随着数字概念的发展，儿童的运算能力也得到了积极发展。一般情况下，儿童数字运算能力的形成和发展有着明显的年龄特征，且在运算能力的发展中，不同儿童表现出个体差异，这种差异随着年龄的增长而增大。

最初的运算是从2岁以后开始的，6岁的儿童大部分已经能够不用实物进行20以内的口头或书面运算，有少数儿童开始掌握50以内的加减运算，极少数儿童能用100以上的数字来演算加减习题，且能演算简单的乘法习题。6岁以后的儿童在此基础上不断发展。

从儿童数字概念的形成和运算能力发展之间的关系看，可以得知儿童运算能力的形成与发展和数字概念的形成、发展是一致的。儿童从学会认数到学会运用数字，这是一般的发展趋势。从这个趋势可以推断，儿童思维的发展也是从学会认识概念到学会运用概念的。

学龄期儿童数学学习中的注意事项

为了更好地发展学龄期儿童的思维能力与智力，做好儿童数学的教育工作是十分重要的。因为学龄期阶段，数学在培养孩子的逻辑思维能力以及发展其智力方面起着很大的作用。作为父母，应该注意哪些问题呢？

1. 讲清概念及解题的方法

学龄期数学中的概念、法则、公式及解题的方法，反映了儿童要适应社会生活和进一步发展所必需的数学基本知识、基本技能、基本思想、基本活动经验，这是学龄期儿童学习的目标之一。虽然这些知识看起来并不难懂，教起来却不容易，尤其是让儿童理解、掌握，变为他们自己的东西，那就更困难了。

例如，开始学习分数时，单是一个"分"字和一个"数"字，就出现了许多种不同的概念，例如约数、倍数、公约数、公倍数……接着又出现了通分、约分、分子、分母等。其中只要有一个概念不清，就会影响今后的学习。而思维能力的发展也正是从这些基本概念的"细胞"开始的。因此，必须让孩子真正地了解每一个概念的意义。

总的来说，知识技能既是儿童发展的基础性目标，又是落实数学思维和问题解决目标的载体，是发展儿童智力的基础。所以，父母必须注重孩子对基本知识技能的理解和掌握。

2. 不可忽视的"三点"

所谓"三点"，是指重点、难点和疑点。学龄期的学习系统性很强，不能随意删节，但是，也有主次之分。在任何一个学习的章节，都有一些在同类知识中分量大、重要的或主要的内容。主要内容对于进一步学习非常重要，它是发展儿童智力基础知识的台柱，是学习中的重点。因此，应该让孩子明白学习中的重点。

另外，在数学学习中，有一些内容孩子不易理解或不易掌握，这些内容是学习中的难点。也就是说，一些孩子难懂和不易掌握的内容，构成了学习中的难点。对于这些难点，应该根据不同的情况，采取适宜的办法予以解决。

当然，有时数学学习中的重点就是难点，或者两者相当接近；有时学习的重点和难点有些距离。所有这些都是需要我们重视的。也就是说，在给孩子讲解题目时，要抓住关键讲实质性内容，掌握重点与难点，熟悉它们在整个学习中的地位，让孩子更好地掌握。

除此之外，还要注意孩子学习中的疑点，就是孩子对数学内容混淆不清、容易误解且产生疑惑的地方。如果不能对这些疑点进行解释，孩子就很容易造成概念的混乱，这也是父母们需要注意的。

3. 要科学合理地进行练习

练习不仅有利于记忆力的发展，而且是一种"抽象—具体化"的思维过程，是一种演绎推理的过程，有助于儿童逻辑思维能力的发展。在数学学习中，讲解与练习是相辅相成、互相促进的，只有这样才能使孩子更好地掌握知识、发展智力。

（1）注意"及时强化"。虽然记忆的程度与所记的材料有直接关系，但及时复习和练习仍是十分重要的。在数学学习中，要注意必须在理解基本概念、定义、法则的基础上进行练习；练习必须有明确的、严格的要求，必须及时"强化"。

（2）要有一定的弹性。在让孩子进行练习时，注意要有一定的弹性，即要考虑到孩子发展的差异。不要一味地给孩子大量的练习题目，否则会物极必反，起到负面效果。

4. 数学学习要联系实际

数学源于生活实际，孩子的日常生活中充满着数学。让孩子联系实际是学习数学的一个有效方法。例如，引导孩子丈量长度、面积；创设一系列与几何图形有关的实践活动；引导孩子利用计算器甚至计算机计算，从中发现一些有趣的规律；等等。

这些练习在联系实际的练习中占了相当大的比例。这有助于孩子获得大量感性材料，为掌握数学知识与发展理性思维提供支柱；有助于增进他们学习数学的兴趣与求知欲望；有助于提高他们的逻辑推理能力、空间想象能力及分析问题、解决问题的能力。

总之，联系实际能够激发孩子学习数学的兴趣，引导他们的数学思考。时间一久，这种数学学习活动不仅能促使孩子初步学会解决一些生活的实际问题，还能调动孩子的积极性，使他们养成良好的数学学习习惯并掌握恰当的数学学习方法。

培养孩子数学语言的关键

在学龄期儿童的数学学习中，培养孩子的数学语言能力是一项基本的任务。数学语言是孩子进行数学交流的工具，对孩子掌握数学知识有着重要的作用。所以，培养孩子数学语言的表达能力十分关键。具体可以从以下几个方面来实施：

1. 规范语言，注重言传身教

父母是孩子的第一任教师，对孩子的行为影响很大。父母在日常生活中要严格要求自己，认真思考自己的用语，力求做到严密、准确、精练，思路清楚，叙述有条不紊。

在辅导孩子做作业的时候，父母要科学、正确、简练地表达数学知识。科学是指语言要符合规范，正确即观点鲜明、语意清晰、叙述恰当、推理符合逻辑。另外，还应该注意语言的条理性、逻辑性以及连贯性。同时，父母应注意采用启发式的提问方式，激发孩子积极组织语言说出自己的答案，这样有助于促进孩子数学语言能力的发展。

例如，在遇到看图解答的题目时，可以引导并提问孩子："图上有哪些信息？请用自己的话说出这道题目的已知条件，需要采用什么方法解答？"在这个过程中，孩子通过看图读题，并思考解题的方法和途径，可以启迪思维，培养用数学语言等表达自己思维过程的能力。

2. 激发兴趣，让孩子"想说"

所谓"知之者不如好之者，好之者不如乐之者"，兴趣是孩子最好的老师。要想让孩子在数学的学习中"想说"，就必须让孩子对数学产生兴趣。孩子对所学内容感兴趣，才会积极地思考并不断地参与到数学的学习中来，才能有机会让孩子展示自己，表达自己的思维方法，发展其自身的数学语言表达能力。

3. 保持和谐，让孩子"敢说"

在数学的学习中，很多孩子"不敢说"的原因有很多。比如害怕、不自信，或是不想学，时间长了孩子就变得"懒得说"，也有的孩子是因为在回答问题的过程中被父母嘲笑了，从而不愿意再说。那么，如何解决这一问题呢？

父母一方面要从自身做起，在辅导孩子作业的时候，不要说孩子笨，而要多给予一些鼓励；另一方面要营造宽松、和谐的环境，增强孩子的自信心，同时要帮助孩子消除内心的担忧，与孩子成为好朋友，让其大胆地说出自己的想法。

4. 方式多样，让孩子"会说"

在数学的学习中，如果孩子敢说、想说，但是不会说，又该怎么办呢？这就需要父母运用恰当的方法来适当地帮助孩子。

（1）采用讨论的方式。讨论可以实现优势互补，当孩子遇到疑难问题时，父母可以和孩子进行互动、交流。交流后得出的结果可以让孩子宣读一遍。通过这种方式，可以提高孩子学习的积极性，让孩子认真思考，踊跃发言，不断完善其自身的观点，在潜移默化中提高数学语言表达能力。

（2）让孩子自己做小结。学习后的小结可以帮助孩子形成知识链，让孩子清晰地了解学习中的知识点，而且发展孩子的总结、概括能力和语言表达能力。一开始，父母可以鼓励和引导孩子共同总结，而后让孩子自行总结。这样做会让孩子的思维变得更活跃，不但能加深孩子对所学知识的理解，而且能提升孩子的学习能力和数学语言表达能力。

总之，提高学龄期儿童的数学语言表达能力是一个长期的过程，父母要在孩子的学习中不断地摸索实践，从小事做起，从点滴抓起，这样才能促进孩子更快、更好地掌握数学知识，提高数学语言表达能力。

儿童数学思维能力的培养

　　思维能力是指能够用归纳、演绎和类比进行推理；能够合乎逻辑地、准确地阐述自己的思想和观点；能够运用数学概念、思想和方法辨明数学关系，形成良好思维品质的一项能力。学龄期阶段的学习，非常有助于儿童进行数学思考，提高其数学思维能力。

　　思维能力关系到儿童知识技能的掌握效果，是孩子有效提升自主学习能力的关键要素，也是评价孩子个体发展的一个重要参考因素。在学龄期阶段培养孩子的思维能力，是优化儿童数学学习效果、为儿童未来发展奠定良好能力基础的关键。那么，如何培养和锻炼孩子的思维能力呢？

1. 从兴趣点激发儿童思维的积极性

　　激发孩子的思维积极性是父母培养孩子思维能力的第一步，只有积极的思维活跃度才能够让孩子积极地进入到数学的学习中去，才能够为多种思维能力的锻炼和发展提供有力的基础条件。具体可以从以下两个方面进行：

　　（1）巧妙应用教具，激发孩子的具象思维兴趣。学龄期的孩子处于认知发展的初级阶段，而数学本身具有一定的抽象性和逻辑性，在这种情况下，要想快速、有效地激发孩子的思维活跃度，最直接的方式就是利用教具，借助教具的操作和应用，将数学教学内容用一种更为形象、具体的方式展示出来，从而提高孩子的学习热情。

（2）运用问题情境激发孩子的探究欲望，以调动孩子的思维活跃度。当然，提的问题要符合孩子的心理，不能过于简单，也不能过于困难，要有意识地引导孩子进行探究和思考，从而激发孩子的思维兴趣。

2. 在学习过程中激发孩子的思维能力

学习是孩子获得知识的有效途径，在学习的过程中，孩子的思维能力能够得到很好的发展，这主要体现在两个方面：

（1）改变学习习惯。孩子的学习习惯决定了学习效率的高低，好的学习习惯对孩子的学习事半功倍。父母在监督孩子学习时，要让孩子树立自己的目标，有了目标才有动力。学习成绩的好坏不能完全反映孩子的学习状况，父母应该在学习上多指导孩子，让孩子认识到自己的不足，并做一些针对性的练习，帮助孩子学习知识。

（2）注重知识积累，善于总结。数学的学习需要积累，孩子平时在做题时应该总结同一类题目的做法，以后遇到同类题目时就能得心应手。父母在指导孩子订正做错的题目时，应该让孩子思考自己错在哪里，为什么做错，这样有利于孩子避免犯同样的错误。

3. 注重培养孩子独立思考的能力

独立思考问题是儿童思维能力培养的重点，也是关系到儿童数学能力能够有效提升的关键。因此，父母要有意识地对孩子的独立思考能力进行培养和锻炼，尽可能地让孩子自己思考、操作等。

父母可以引导孩子用已经学习和掌握的知识对新的知识进行自主探究，通过与旧知识的对比、分析等过程自主地思考和学习新知识。只有积极地做好引导，孩子才能真正地自主思考和解决问题。

4. 丰富自己的知识，用行动影响孩子

模仿是孩子天生的一种学习能力，父母的所作所为会潜移默化地对孩子造成影响。作为与孩子接触较多的人，父母应该为孩子树立榜样，注意自己的一言一行，哪怕是一点点小事情也应该理性处理。父母要不断提高自己的知识水平，多与人交流，可以参加一些研讨活动，向经验丰富的父母请教。父母好学，孩子自然也会受到影响。

当然，培养孩子的数学思维能力，不能仅仅停留在理论层面，还需要在具体的学习过程中不断探索。这需要父母和孩子共同努力，只有经过实践，才能找到适合孩子的学习方法，从而提高孩子的数学思维能力。

儿童数字力训练营

○ 算一算：牛奶占了多少容积

数学运算是提升孩子大脑智力的有效方式之一。有这样一道题：

有一个牛奶瓶，它的下部是圆柱形，高度是整个瓶子的四分之三，它的上部是不规则的形状，占瓶高的四分之一。

假如瓶内还有半瓶牛奶，在不打开瓶盖的情况下，你能用一把直尺算出瓶子里的牛奶占整个瓶子容积的百分比吗？

答案 先把瓶子正放，然后测量出牛奶的高度，再把瓶子倒过来，测量出牛奶的高度，两个数字相加就是和牛奶瓶容积相等的圆柱体的高度，这样就可以算出牛奶占瓶子容积的百分比了。

○ 比一比：哪条路线更短

假期里，美美一家准备出去游玩。于是，一家人开始商量游玩的路线，选好了目的地（乙）后，他们又选择了两条不同的路线，这可把美美一家难住了，到底选择哪条路线更近呢？如果每个小方格代表1，你能帮美美算出来吗？

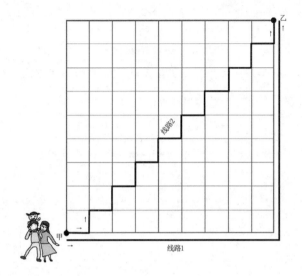

答案 单从理论上来看，两条路线的距离都是18，因此距离是相等的。但如果对角线的路线是直线的话，那么它就比直角路线要短了。

○ 乘坐公交车：意想不到的结果

一辆载着15名乘客的公交车驶进车站，这时有4人下车，又上来了3人；在下一站下去5人，上来10人；在下一站下去10人，上来6人；在下一站下去8人，上来15人。

公交车继续往前开。到了下一站下去6人，上来7人；在下一站下去6人，没人上来；在下一站下去2人，上来7人。好了，你算出结果了吗？请问这辆公交车总共行驶了几站地？

答案 7站。

○ 趣味算术：买文具

一天，小明去文具店买东西，售货员问他："小朋友，你要买什么东西？"小明开玩笑地说："我买大哥说话先挨刀，二哥说话先装油，三哥说话雪花飘。""每样买多少？""一支半，二支半，三支半，四支半，再加五支请你算。"

售货员想了一会儿，照小明说的东西和数量，用袋子装好交给了他。小明问："这些东西一共多少钱？"售货员笑着说："一二三，三二一，一二三四五六七，七加八，八加七，九加十分加十一，这些数，算一算，再用一百加一去相乘。"

请你猜猜看，小王买了些什么东西？每样各买了多少？一共付了多少钱？

答案　小王买的是铅笔、圆珠笔和粉笔，每样买了17支，一共付了101元。

1.5+2.5+3.5+4.5+5=17

1+2+3+3+2+1+1+2+3+4+5+6+7+7+8+8+7+9+10+11=100（分）

100（分）×（100+1）=101（元）

○ 将军调兵：不见少的士兵

一天放学回到家，小美高兴地说："妈妈，我好像又变聪明了，今天在学校里轻易地就解答了其他同学都不会的题目。"

这时，正好爸爸进来了，听到小美的话，便笑着说："我家小美也学会王婆卖瓜了。"

"哼，才没有呢！不信你考考我吧！"小美说道。

爸爸说："那你听好了，题目是这样的：有一位将军非常善于调兵遣将。有一次他带了360名战士守城。他把这些人分别分配在四面城墙上，每一面都是100人。战斗打得越来越激烈，不断有士兵阵亡，每减少20人，他就重新调整守城的人员，保持每面城墙依旧是100人，直到只剩下220人。敌军见到城墙上的士兵依旧没有减少，以为城内有增援，就放弃了攻打城池。你知道这位将军是如何调遣士兵的吗？"

小美想了想，说出了正确答案，爸爸不得不承认小美确实变聪明了。请问，你知道将军是如何调遣士兵的吗？

答案

360:

10	80	10
80	□	80
10	80	10

340:

20	70	10
70	□	70
10	70	20

320:

20	60	20
60	□	60
20	60	20

300:

20	50	30
50	□	50
30	50	20

280:

30	40	30
40	□	40
30	40	30

260:

40	30	30
30	□	30
30	30	40

240:

40	20	40
20	□	20
40	20	40

220:

50	10	40
10	□	10
40	10	50

○ 分享甜饼：盒子里藏着多少

今天是薇薇的生日，妈妈亲手为她做了一盒小甜饼，她还邀请了4位好朋友一起来家里做客。不一会儿，好朋友就到了，为了盛情款待他们，薇薇要把妈妈做的甜饼分享给小伙伴们。

薇薇首先把其中的一半和半个甜饼分给了好朋友小美；其次把剩下的一半甜饼和半个甜饼分给了妍妍；再次，她把剩下的一半甜饼和半个甜饼分给了佳佳；最后则把剩下的一半甜饼和半个甜饼分给了小明。

你知道盒子里原来有多少甜饼吗？每个人分别得到了多少甜饼？

答案 盒子里共有15块甜饼，小美得到了7.5+0.5，即8块；还剩下7块，妍妍得到了3.5+0.5，即4块；还剩下3块，佳佳得到了1.5+0.5，即2块，还剩下1块，小明得到了0.5+0.5，即1块。

○ 5与5个2：能得到1000吗

一天，舒燕正在做作业，文娟来找她玩。舒燕怕耽误了写作业，便拒绝了文娟的邀请。可文娟觉得自己一个人不好玩，于是在舒燕边上捣乱。

舒燕说："不好意思，我在做作业，不能和你玩。"

文娟说："你别写了，就跟我玩一会儿嘛！"

舒燕说："好吧，我问你一道题，如果你算出来了我就和你去玩。"

题是这样的：5与5个2怎样组合才能等于1000？

文娟为了可以玩，就开始算起题来，可过了半天也没有算出来。最后她说："舒燕，这题也太难了，我放弃。"

亲爱的朋友，你能算出这道题吗？

答案 利用倒推法可以很快地算出来，首先可以算出5和1000的关系，比如5×200=1000。那么5个2如何能得到200呢？222-22=200。由此可知，（222-22）×5=1000。

第五章

—• 见微知著 •—

观察力塑造孩子思考的大脑

观察力是认识客观事物或现象的基本能力，它是思维的"触角"，

是认识的出发点。观察力对儿童来说，

是学习各门科学知识必不可少的心理条件，也是发展智力的基础。

观察力提高后，不仅思维力、想象力、创造力会随之提高，

儿童的智力结构也会得到全面的发展。

观察力，对儿童至关重要

观察是一种有目的、有计划、比较持久的知觉。观察力的强弱，直接影响孩子认识世界的精确性、获取知识的准确性，以及儿童思维能力的发展。因此，观察力对于学龄期儿童来说非常重要，这主要体现在以下几个方面：

1. 观察力是智力的源泉

一般来说，高级的、较复杂的心理活动，如想象思维等都是在观察的基础上产生的。如果孩子对周围的事物不能进行系统周密的观察，那么他的思维就缺乏深厚的基础，知识也停留在表面，对事物的认识是肤浅的。

实验证明，人的大脑所获得的信息，80%～90%是通过视觉、听觉收集的。所以孩子要想发展自己的智力，首先必须把观察的大门敞开，让外界的信息源源不断地进入自己的大脑。

另外，如果儿童日常缺少刺激，会使他们的知识内容显得苍白无力，而且注意力涣散，缺乏学习能力。也就是说，儿童缺少一般性的感知，就会使智力活动受到不良影响，更不用说缺乏有目的、有计划的观察能力了。可见，观察力是孩子不可缺少的心理品质。

2. 观察力是提出与解决新问题的前提

人要获得进步，就要不断地发现新问题，解决新问题。一个具有敏锐观察力的人，即使在司空见惯的事物中也能发现新问题。

例如，中国古代的名匠鲁班上山时被草叶划破了手指，他从草叶边缘呈锯齿状的特征中受到启发，发明了锯。另外，著名药物学家李时珍的《本草纲目》以及著名地理学家徐霞客的《徐霞客游记》都是在有计划、有目的地进行实地考察后的成果。

可见，观察力对于知识的获得是必要的前提。对于孩子的学习来说，观察力更是不可或缺的，它在孩子解题的过程中非常有帮助。

3. 观察力是学习活动的必要条件

学习活动是一种复杂的智力活动，智力活动的基础是观察。没有进行仔细的观察就难以写好作文、解答数学题，甚至听课效果也会大打折扣。所以，观察力在孩子的一切活动中是必不可少的。尤其是孩子想要将来成为科学家、艺术家等，都要具备高度敏锐的观察能力。

苏联教育家赞可夫认为，观察力差是学习成绩差的学生的共同特点。学习的基础是以间接经验为主，直接经验为辅，而观察是孩子获得直接经验的重要途径。在日常的学习中，安排更多的时间让孩子去考察、掌握直接感性经验，孩子的学习才会取得快速的进步。

儿童观察力缺失，父母该怎么办

在现实生活中，很多学龄期儿童对眼前的东西视而不见，他们大都从小受到过多的照顾，遇到难题轻易得到答案，有需要总是迅速得到满足。这些都导致了孩子养尊处优，没有观察意识，观察能力不足等现象。

如果长期这样下去，就会影响孩子的思维，阻碍孩子的认知发展。因为任何思维都需要建立在具体形象的事物上。有了观察能力，事物的各种变化才能尽收眼底，智慧才会增长。那么，父母该如何培养孩子的观察力呢？

1. 激发孩子的观察兴趣

生活是丰富多彩的，我们生活的世界每时每刻都在发生变化，并吸引着孩子的眼球。父母要善于观察孩子，及时发现孩子感兴趣的事物，抓住时机引导孩子主动观察并尝试表达观察的结果。久而久之，孩子的观察、思维、语言、表达等各种能力就会得到发展与提高。

父母要善于抓住各种契机，激发孩子的好奇心与探究欲，引导他们充分调动各种感官去观察、捕捉事物的特点，去发现周围事物的形与色、变化与规律。观察力是智力的组成部分，进行观察能力的培养是学龄期儿童学习中的关键，它能让孩子充分体验观察的乐趣，并形成一定的观察能力。

2. 引导孩子掌握观察方法

观察是思维的触角，要培养孩子的观察力，父母就要分解观察的任务，并把它具体化、可操作化，进而引导孩子从表面现象中探究事物的本质。孩子的接受能力和理解能力都有待进一步发展，因此父母要做好示范，结合具体的观察对象，教给孩子不同观察方法的要领。

在教孩子观察方法时，父母要分阶段、分层次、有重点地对各种观察方法进行示范和引导，并在观察顺序上做好示范，最好是边观察边讲解。

另外，孩子注意力不容易集中，且集中的时间不长，因此需要巧妙设计问题，引导孩子思考、观察，然后请孩子说说观察的感受、结果，再找准时机帮助孩子总结观察方法。

3. 养成持之以恒的观察习惯

在日常生活中，孩子常常会接触到富有趣味的事情，但多数因为缺乏有意观察的习惯而没有留意。因此，父母应该鼓励孩子走出去，走向社会、走进大自然，随时随地观察，逐步培养观察意识，养成观察习惯。

父母要引导孩子开展每日观察活动，鼓励他们根据观察或发现提出值得继续探究的问题，并把生活中有意义的、有趣的、感受深的事物记录下来。例如四季植物的变化、天空的颜色变化、汽车发出的声音变化等。

此外，观察能力的培养还需要孩子有较好的记忆力、理解力。观察能力一方面是环境记忆，是可以用眼睛看到的；另一方面是情感、事物本身的内在联系，单靠眼睛看是不准确的。也就是说，孩子不仅要观察环境，还要理解它们之间的必然联系，从而解决学习、人际交往中的问题，这是我们培养孩子观察力的重要目的。

学龄期不同阶段儿童的观察力训练

观察力是人们认识事物、辨别事物的一种能力，是思维的起点，是聪明大脑的"眼睛"，通过观察才能正确地认识事物。培养儿童的观察力，有助于他们正确地认识事物，发展他们的智力，以及培养他们丰富的想象力和创造性思维。

不过，学龄期儿童不同阶段的观察力培养方法存在差别。之所以低年级与高年级儿童观察能力的培养有所不同，一个很重要的原因是孩子的理解能力不同。低年级的培养内容不能过于深奥，否则难以理解；而高年级的孩子更有思想，可适当复杂一些。

1. 低年级儿童观察力的培养

低年级儿童的理解能力有限，在观察事物的时候，注意力有时候难以集中，而且专注的时间很短。所以，在进行观察力培养的时候，内容不要过于深奥和复杂，具体来说，可以从以下几个方面来进行：

（1）通过对比，提高观察力。当下，儿童书市场有很多生动有趣的书籍，可以提高孩子的观察力，如《找不同》《走迷宫》等益智图书，这些图书大都是通过寻找不同的图案，让孩子在对比中学会观察。父母可以购买一些这方面的书籍，与孩子一起游戏，来提高孩子的观察力。

（2）在游戏中提高儿童观察力。游戏是一项需要集中注意力的活动，在游戏中，孩子需要投入敏锐的观察力。父母可以和孩子下跳棋，让孩子观察棋局，找到可以顺畅通过的道路。在这个过程中，不自觉地就提升了孩子的观察能力。

（3）善于观察周边环境。比如观察房间布局的变化、花盆里植物的变化、季节变化对人的影响等。对于这些变化，很多孩子说不出来，或者感觉不到，父母可以和孩子一起做记录，测量植物长高了多少，季节变化时人们穿着的变化等。

2. 中、高年级儿童观察力的培养

相较于低年级的儿童来说，中、高年级儿童的各项技能和能力都有所增长，观察力自然也不例外。这个时候，儿童的观察力更加敏锐，训练也可以变得复杂一些。

（1）给予具体任务，提高观察的目的性。例如户外旅游时，父母要让孩子收集一些材料，通过拍照记录心情、趣事，带回纪念品、树叶、草籽等实物做纪念，带吃的、玩的和伙伴分享，沟通感情，结交朋友等，以此增强孩子的观察能力。

（2）掌握观察方法，按顺序进行观察。观察是需要掌握技巧的，很多孩子对事情感兴趣，却因为掌握不好技巧扫兴而归。因此，父母需要教孩子方法，观察顺序要按所观察的对象决定。一般是，先整体，后部分；先外形，后内部；先前面，后后面；先上面，后下面。方法正确才能真正观察入微，并获得成就感。

（3）多观察社会，通过实践提升观察水平。父母要尽早地让孩子接触社会，比如观察超市的繁荣景象，观察大街上一幕幕精彩的场面……这对于促进孩子理解真实生活，提高社会责任感，扩大思维的深度和广度，增加写作素材，提高论述道理的能力有很大的帮助，也能让孩子更加睿智和深刻。

作为父母，要充分认识到各个阶段孩子所具备的能力特点，有针对性地对孩子进行观察力训练，才能取得事半功倍的效果。

好习惯，成就孩子敏锐的观察力

观察是儿童认识事物、获得知识的一个重要途径。儿童对事物的观察效果，往往受到其自身观察习惯的影响。一般而言，一个良好的观察习惯有利于孩子始终不渝地遵循正确的观察规则，并取得良好的观察效果，增强儿童的观察能力。所以，要想拥有良好的观察力，就必须先养成良好的观察习惯。

1. 专一专注

观察要集中注意力，紧盯着目标，才能看准、看全、看出问题。如果孩子在观察事物时，总是心不在焉，必然会降低观察效率。而专一的观察习惯以兴趣、责任感、理解力、自制力等为条件。如果孩子善于控制自己的知觉以服从摆在他面前的目的、任务，就会成为一个良好的观察者，也更容易养成专一的观察习惯。

2. 全面系统

观察不能以偏概全，而要360度无死角地进行。因为全面地观察才能获取丰富、系统的观察材料，利用这些相对完整的材料，经过思考，才能对事物做出正确的判断或结论。

因此，要让孩子在观察事物的时候，看到事物的正面与反面、局部与整体、外在与内在、现状与趋势。在平时观察事物时，如果孩子能达到这种广度与深度，时间长了，便能养成善于全面观察的习惯。

3. 认真细致

观察仔细才有可能对事物形成全面的认识，粗心大意必然导致疏忽与遗漏，进而对事物做出错误判断，甚至闹出笑话来。可以说，大部分孩子或多或少地存在粗心的情况，只是在经历了多次教训之后，慢慢变得认真仔细了。

所以，孩子要养成仔细观察的习惯，必须在长期的观察实践中加以练习。起初要以自觉的意志来束缚自己的行为，迫使自己耐心细致地观察事物。随着时间的推移，注意力与仔细观察的方式将会变成无意识行为，从而逐渐形成习惯。

4. 观思结合

观察事物应包括两个不可缺少的因素：一是感知因素，二是思维因素。因此，人们也把观察称为思维的知觉。"观"与"思"相结合能加深儿童对事物的印象，便于理解和记忆。如果"观"而不"思"，"观"与"思"分离，事物就犹如过眼云烟，转瞬即逝，在头脑中很难留下印象。

所以，在培养孩子的观察力的时候，不仅要指导孩子认真地观察，还要让孩子对所见所闻多进行思考，两者结合才有利于对事物本质产生新的认识。

5. 客观真实

眼见不一定为实，观察有时候会受到干扰而产生误差。能否做到客观真实地观察，则取决于儿童的主观状态。也就是说，为了搜集到观察时的真实材料，观察既要有明确的目的，又必须避免主观性错误。只有坚持实事求是地观察，才能保证观察获得的结果是真实情况；而只有得到了观察对象的真实情况，才能从真实的情况中概括出正确结论。

为了养成客观的观察习惯，最关键的就是要确立正确的指导思想。也就是说，坚持以唯物主义为指导，采取科学的态度来对待一切事物，这样才能如实地反映客观实际。此外，儿童在观察事物时还应保持正常的生理机能与良好的心理状态。

6. 坚持记录

不同的观察要做不同形式的记录，其内容包括观察前拟订观察计划，观察中做好即时记录，观察后做好回顾性记录三个方面。观察记录多种多样，最常见的就是观察日记，即把一天中观察到的主要现象、事件如实地记录下来。这种形式对儿童尤为适宜，不仅有利于儿童开阔视野、积累知识，还有利于儿童养成良好的观察习惯，提高观察能力。

总之，要全面了解观察对象需要一个过程，需要时间上的保证。在这段时间内，能否持续、专一地观察，会直接影响到观察效果。所以，观察还必须要有恒心，坚持下去才会有所收获。

通过绘画训练，培养儿童的观察力

罗丹说过，"生活不是缺少美，而是缺少发现美的眼睛"。充分认识变幻莫测的世界是从观察开始的。绘画是大脑对现实事物的再现，需要儿童用审美的眼光去观察生活，并把各种事物和形态表现为美的形象，也是培养孩子观察能力的一种有效方式。

一般来说，学龄期儿童绘画阶段可划分为涂鸦阶段、象征阶段、略图阶段、写实阶段。三四年级的儿童在绘画方面开始脱离略图阶段，有了初步的写实倾向。随着向高年级迈进，这种写实的倾向逐渐明确。这个阶段是儿童绘画发展的关键时期。

学龄期儿童的美术教育应着眼于创造力发展的长远目标，从培养观察力入手，把握好"写实期"这个儿童绘画能力发展的关键阶段。父母应最大限度地尊重孩子的绘画兴趣，充分理解他们的心理需求，尽可能少在绘画题材和内容上限制他们，让孩子感到支持与信任，这样做可以让孩子的想象力得到充分的发挥。父母只要结合"写实期"儿童的特点，有目的、有计划地去引导他们进行各种观察练习，让孩子从课内到课外、从写生到创编，多渠道、多层面地去锻炼，孩子的观察能力就一定能够得到长足的发展。以下三种训练方法非常值得父母们借鉴：

1. 多带孩子进行写生训练

在平时的生活中，父母应该多带孩子到户外进行写生训练。比如，让孩子画一棵树，可以让孩子自由发挥，也可以适当地指导孩子，两者的结果肯定会不一样。比如对孩子讲解观察方法和树的生长规律，孩子绘画的效果就会好很多。可见了解写生对象及掌握正确的观察方法的重要性。

2. 坚持让孩子写绘画日记

绘画日记是一种值得大力提倡的训练形式，普遍适合"写实期"儿童的学习需要。绘画日记是画与文字的结合，能很好地促进孩子的观察兴趣和表现欲。从心理活动的机制上讲，它把观察力、记忆力、想象力和思维能力有机地联结在一起，使儿童在写和画的过程中，观察力和创造能力得到全面的发展。

3. 适当地进行改画训练

改画训练有利于儿童用自己的眼光对原画进行分析、概括。分析或概括是向别人学习的过程，同时也是训练自己观察、理解和想象的过程。从培养观察力的角度看，它通过视觉上的"过滤"，强化那些有用的特征，弱化甚至舍弃不必要的细节。这也是儿童观察力的一种体现。

另外，从观摩原画到改画完成的过程，实则是从眼到脑的过程。在画面视觉形式的参照和对比中，使儿童的观察和思维能力获得有益的锻炼。只要父母真正以培养儿童的创造能力为目标，把握"写实期"这个绘画能力发展的重要阶段，一定能培养孩子敏锐的观察力。

儿童观察力训练营

○ 找数字：神奇的 记忆

数学课上，张老师在黑板上画了两个表格（见下图），然后对同学们说："请你们在左表中任意选一个数字，并告诉我它在第几行，再告诉我它在右表中的第几行，我就可以知道它是哪个数字了。"

同学们觉得这不可能，于是纷纷向张老师发难，一连几个同学站起来发问，张老师都说对了，大家不得不佩服张老师的记忆能力。其实，这看似复杂的两张表，只要你注意观察，就会发现其规律。那么，你知道张老师是怎么记住数字的吗？

10	9	21	4	5
6	16	3	19	25
17	1	8	22	18
2	23	12	11	7
14	20	15	13	24

24	7	18	25	5
13	11	22	19	4
15	12	8	3	21
20	23	1	16	9
14	2	17	6	10

答案 通过对比两个表格可以发现：左表中的第一列（竖行）数字10、6、17、2、14，在右表中排成14、2、17、6、10，排在右表中第五行（横行）。每一竖行，都如此改排为横行，这样就找到了规律。左表中第三行的18，在右表中排在第一行，只要将左表

中的第三行逆时针旋转排在右表的竖行里，然后从右表中找到排在第一行的数就可以了。

○ 图形推理：难解的数学题

博文和轩轩一起在做数学题。博文突然遇到了一道难题，一时间不知道如何解答，于是向轩轩求助。题目是这样的：在六个圆形图形中，每个圆形被分成八等份，在给出的ABCDE五个图形中，请你仔细观察，找出规律，然后填出最后一个图形的阴影部分。

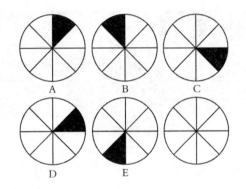

答案 从上图可以看出，A到B是往后退一格，B到C是往前进三格，C到D是往后退一格，D到E是往前进三格，按照这样的规律，最后一个图形的阴影部分如下所示。

○ 神奇的移动：小正方形哪去了

有一个正方形，被切成几小块后，重新组合成一个同样大小的正方形，它的中间却少了一块，见图1和图2。现在，请你把一张方格纸贴在纸板上，按图1所示沿线切成5小块。按照图2的样子把这些小块拼成正方形时，中间果然少了一块。

图1是由49个小正方形组成的，图2却只有48个小正方形，你知道其中一个小正方形哪去了吗？

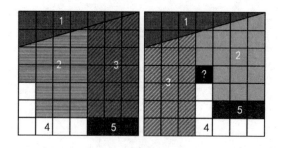

答案 5小块图形中最大的两块（2和3）对换了一下位置之后，被那条对角线切开的每个小正方形都变得高比宽大了一点点，这意味着这个大正方形不是严格意义上的正方形。它的高增加了，从而使得面积增加，所增加的面积正好等于一个小正方形的面积。

○ 火柴拼图：不变的中国结

哥哥和弟弟很喜欢玩火柴拼图游戏。哥哥用36根火柴棒摆出了由13个正方形组成的中国结图案，为了考一考弟弟，他让弟弟从图中拿走4根火柴，使得图案中的正方形减少5个，但保持图案的轮廓不变。

聪明的弟弟很快就完成了，你知道怎么做吗？

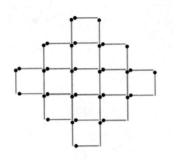

答案 把中间的那个正方形拿掉，即4根火柴，就完成了。

○ 找规律：鱼鳞该怎么画

淘淘和浩浩两兄弟非常喜欢画画，有时候甚至两个人一起完成一幅画。周末，他们又在一起画画。这一天，他们画的是鱼。下图中左边是淘淘画的，右边是浩浩画的。根据下面这些画，你知道第10幅图该怎么画吗？

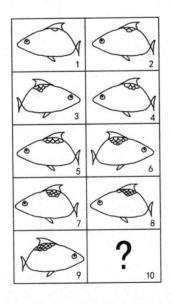

答案 仔细观察图中鱼鳞的变化，规律是加2、加3、减1。如此反复，且鱼鳞为双数，鱼头变化方向。所以，第10幅图应该是：

○ 奇怪的钟表：时间为什么错乱了

晓雪的爷爷喜欢收藏一些稀奇古怪的东西。一次，晓雪发现爷爷桌上的时钟显示为12：11，20分钟后，她却看到时钟显示为11：51。晓雪觉得奇怪，40分钟后，她又看了一次，时间是11：11。这段时间没有人碰过这个时钟，房间里也没有其他时钟，而爷爷每天都是在用这个时钟看时间，这究竟是怎么回事呢？

答案 这是一只镜像时钟，需要通过镜子映照才能看到真实的时间。事实上，指针都是反过来的，也就是说12：11实际是11：51，11：51实际上是12：09，11：11正好是12：49。

第六章
—• 推理能力训练 •—
培养孩子高智商的头脑

根据已知条件，对事物的内容和特点进行条理化、类型化的整理，
搞清楚各种事物的关系，总结出规律，并找到解决问题的方法，
就是推理。对孩子进行推理能力训练，
有利于提高孩子的思考能力，使孩子对事物树立正确的认识。

推理能力是儿童高级思维的活动

推理是人的一种高级思维活动，在认知世界的过程中起着重要作用。对于儿童推理能力的形成与发展，权威的观点认为，学前儿童不具备推理能力，学龄儿童才开始形成、发展和具有推理能力，而且推理能力是学龄儿童思维的一个特点。

一般而言，学前儿童经常把假设和现实混在一起，在他们的大脑中，没有逻辑意识，思维仍然是现实性的，所以不存在推理能力。直到7～8岁后，儿童才能更好地将假设和现实区分开，演绎推理才真正开始，而且不断地得到发展。

尤其是在7～8岁阶段，儿童推理能力的发展有显著的提高，从较低水平发展为成熟水平。儿童这种推理能力的快速发展和他们的语言理解能力、思维的发展是分不开的。儿童从学前期到学龄期，文字的掌握和语言理解能力的发展，促进了儿童推理能力的发展。

也就是说，在一定语言理解能力的基础上，儿童的这种推理能力与他们的思维水平是紧密联系在一起的。学龄期是儿童思维发展的一个重要时期，儿童的具体形象思维逐渐成熟，抽象逻辑思维开始发展，推理能力也在迅速的发展中。

因此，孩子对于比较简单的直接推理任务，其能力水平之高，提高速度之快也就不难理解了。这也说明7~8岁是儿童直接推理能力发展的快速期。父母在教育孩子的过程中，应注意启发，促进其推理能力的发展和成熟。

11~12岁的孩子已经能够进行纯粹的推理，即形式思维出现了。不过，有研究认为，学前儿童的推理能力之所以会有障碍，是因为他们记不住前提，如果给予儿童足够的训练，保证他们记住前提，那么，他们也能进行适当形式的推理。

可见，儿童的推理能力与记忆相关，如果连前提都记不住，肯定不能很好地进行推理。但是，如果记住了前提，却不能很好地理解前提，同样不能保证推理的顺利完成。所以，很多时候，我们会认为儿童的推理和记忆是随机独立的。

推理除了需要一定的记忆外，还需要借助语句来表达。句式不同，会直接影响孩子的语言理解，进而影响推理的结果。例如，验证肯定句的反应比验证否定句的反应短，但如果是全称量词肯定句与全称量词否定句，其验证时间则没有显著差异，并且部分量词否定句比部分量词肯定句的验证时间短。也就是说，理解否定句不一定比理解肯定句困难。

总之，无论是在儿童推理能力相对比较低的阶段，还是在儿童推理能力相对成熟的阶段，语言难度的变化都不会对孩子的推理造成过大的影响。这也说明儿童语言能力和思维（主要反映在推理能力上）的同步发展，即语言是思维的外壳，推理能力的发展以语言发展为基础。因此，两者不可偏爱，应协调发展。

当然，推理能力作为儿童的一种高级思维活动，父母在训练孩子的这种能力时，要按照上面所讲的发展顺序循序渐进地进行，并且要与其他方面的能力协调发展，这样孩子才能一步一步提高自己的推理能力，拥有一个聪明的大脑。

学龄期儿童数学归纳推理能力的培养

归纳推理是由个别或特殊现象概括出一般性结论的思维过程。学龄期儿童的思维以形象思维为主，需要逐步过渡到抽象逻辑思维。因此，在孩子的学习中，父母应由"扶"到"放"，鼓励孩子自我创新、自我探究，从而形成自我归纳推理的能力，以提升思维品质。

然而，在现实的学习中，不少父母倾向于"题海战术"，把孩子培养成解题高手，这样做只会僵化孩子的思维。而引导孩子学会归纳总结，形成真实有效的学习能力，才是父母应该做的。具体可以从以下几个方面进行：

1. 适当放手，让孩子自主探究

归纳思维是以多个事例为基础得出一般的规律，让孩子获取这些前期素材是发展孩子归纳能力的前提。如何把握好孩子探究的难度，设计好扶持的尺度，是孩子能否自主探究的根本。在实际的学习中，从知识的传授到方法的引领，还有习惯的养成，尽量要让孩子自主地进行。

所以，父母在孩子的学习上开动脑筋，系统性地让孩子发现规律，不仅能使孩子获得更系统、完整的知识，还能让如何归纳结论成为一个由低到高、由

"扶"到"放"的逐步自主的过程，能够有效地提高孩子的归纳推理能力。

2. 注重规范，才能得出正确的推论

一般来说，学龄期的孩子思维深度往往不够，在探究事物的过程中，难免会受到事物非本质属性的影响。所以，父母在引导孩子的探究过程中必须要有一定深度，而且要注重规范，这样才能得出科学的结论。

例如，对于"平面内任意几个点之间最多可以画几条线段"的问题，有孩子通过画5个点，发现可以画出10条线段，由此推出6个点可以画18条线段，这样就犯了主观臆断的错误。

此时，父母可以出示表格，让孩子从两个点开始，每次增加一个点，看看各增加了几条线段，这样孩子就能得出当增加到6个点时，增加的线段是5条。父母要让孩子明白，探究不是浅尝辄止的，一步步还原问题生成的过程更易于做出正确的归纳。

3. 留有余地，适可而止

学龄期低年级的孩子以形象思维为主，到了中高年级则需要进行归纳推理等抽象思维能力的培养，但仍然离不开形象直观材料的帮助，而且就目前孩子的能力而言，没有必要让孩子在这个阶段掌握过于深奥的推理。

例如，三角形的内角和，父母就可以通过剪一剪、拼一拼，让孩子推理出结论，但这种结论是不完全归纳的结果，其结果是"或然"的，而不是"必然"的。

总之，归纳推理是孩子由个别或特殊现象概括出一般性结论的思维过程。父母应由"扶"到"放"，鼓励孩子自我创新、自我探究，尽早地形成归纳推理能力，以便为以后的学习打下牢固的基础。

6～12岁孩子类比推理能力的发展

类比推理是一种复杂的逻辑推理形式，它是指根据两个对象的一定关系，从而推断出其他两个事物也具有类似的关系，或者推断出相类似的其他事物。类比推理综合了归纳和演绎两种推理过程，因而常被作为衡量孩子思维发展水平的重要指标。一般来说，6～12岁的儿童类比推理能力发展主要体现在以下几个方面：

1. 儿童类比推理能力发展趋势

6～12岁儿童类比推理能力随年龄增长呈现逐渐提高的发展趋势，且各年龄段发展速度不均衡。即有的年龄段发展平缓，有的年龄段发展迅速，有的年龄段则出现暂时逆转。比如在7～9岁年龄段儿童类比推理发展变化大，而在11～12岁年龄段则发展缓慢。

不过，就儿童类比推理能力的整个发展趋势而言，仍然是随着儿童年龄的增长而逐渐提高。这与儿童思维发展的基本规律相吻合。另一方面，由于父母倡导早期教育，注重智力开发，实施各学科知识的"提前学习"，所以儿童类比推理能力的发展加速期提前了一个年龄段，出现在8～9岁。

2. 儿童类比推理能力及其概括水平

学龄期儿童类比推理主要体现在图形、语词、数字概括等方面，在难度相等的情况下，儿童类比推理能力在图形上表现最好，其次是语词，数字概括反映表现最困难。例如，儿童的图形类比推理成绩高于语词类比推理成绩，语词类比推理成绩又高于数字概括类比推理成绩。

图形能够比较直观、鲜明地表现事物，儿童借助形象思维，根据事物外部特征就可以做出推断，因而较容易；语词类比推理比图形更加隐蔽，儿童需要理解语词的意义，并将其运用于生活实践中，才能进行类比推理。

所以，接触社会机会多、观察力强、领悟力高的儿童成绩往往比较好。另外，儿童在性质不同的类比推理中，其发展水平也是不同的，出现这种结果的原因与儿童自身的概括水平息息相关。

6～12岁儿童的概括能力可分为直观形象水平、形象抽象水平和本质抽象水平。低龄儿童以直观形象水平为主，11岁之后逐渐发展为本质抽象水平。数字概括类比推理反映的均是一些抽象的内容，要完成这样的推理，儿童必须具有本质抽象概括能力，能够透过事物的现象把握其本质。

3. 儿童类比推理能力的认知方式

认知方式是指儿童认识事物所采用的思维策略，儿童在类比推理过程中一般使用两种认知方式：10岁之前主要以词语联想法为主，之后则普遍使用高位关系指导法。所谓词语联想法，是指通过对一些词语的仔细观察，然后立即回答所想到的是什么。在立即反应下，可以获得与"刺激词汇"相对应的联想；高位关系指导法则是从不同水平、不同角度对事物所蕴含的关系进行推断、理解的过程。

高位关系指导法对儿童思维品质的要求要比词语联想法高，它不仅需要儿童有相应的知识经验，富于想象，还要求儿童能从多层次、多角度分析事物所含的各种关系，从而判定其高位关系，即抽象概括能力，所以低龄儿童一般难以运用。

这两种认知方式对儿童类比推理能力都能产生积极的效果，不过，其与儿童年龄的关系存在差异。词语联想法的有效性随着年龄的增长而递减，高位关系指导法的有效性随着儿童年龄的增长而逐渐提高。因此，在儿童的学习过程中，父母若能让孩子全方位、多层次地认识事物，便能极大地提高孩子的思维品质。

注重推理训练，提升儿童综合推理能力

推理能力是儿童学习中必备的一项技能，主要体现在归纳推理和演绎推理两个方面。归纳推理是指从一系列具体事实概括出一般原理的过程；演绎推理则是从普遍性结论或一般性前提出发，推出个别或特殊结论的过程。两者的发展对儿童智力的提高有着十分重要的作用。因此，父母必须注重对孩子推理能力的培养。

1. 以合情推理为主，培养归纳推理能力

在传统的教学中，许多父母认为，培养孩子的推理能力就是加强逻辑证明的训练，主要形式是通过演练以掌握更多的证明技巧。其实，这种认识是片面的。我们应该更多地强调通过多样化的活动来培养孩子的推理能力。具体方法如下：

（1）巧设情境。在学习中，如果父母能够创设一些情景，有助于孩子更好更快地学习知识。因为在"类真实"的情境中，孩子的兴趣能够充分被激活，这样学习起来既有意义又有趣。

（2）厚积素材。合情推理不可能凭空而至，必须有丰富的素材做支

撑，素材的质和量直接决定推理的成效。因此，在平时的学习生活中，父母要引导孩子积累素材。

（3）进行对比提炼。在孩子的学习过程中，可以通过提供必要的信息条件，鼓励孩子大胆猜想，并让孩子自主进行对比，在对比中提炼要点，寻找到答案。

总之，在学习过程中，要让孩子独立思考、多探讨，以有效调动原有的经验和方法，从而建构起属于自己的认识路径，这能有效地养成一定的合情推理能力。

2. 以演绎推理为辅，培养数学应用能力

大胆猜想、小心求证是科学研究的基本方法。在学习的过程中，父母要带领孩子质疑并验证所学的知识。例如，在写作中，要讲究"丹青难描是精神"，对关键素材要深描细写，通过尽可能多的细节，突出表现人物的"精神气质"，故事的"情感意蕴"，这便是"详写一笔"的价值所在。

这引领我们审视一个重要的教学理念，即演绎推理中的灵魂与核心究竟在哪里？其实，在数学的学习中，最应该关注的是引导孩子准确把握数学知识的本质，并促进孩子对数学方法的思考：数学教育的高明之处在于既能"遇河搭桥"，又能"过河拆桥"，即在关键时刻要善于想办法让孩子摆脱"具体情境"的干扰和依附，让孩子的操作技能转变为心智。

3. 辩证施教，培养综合推理能力

推理能力的培养必须处理好归纳推理与演绎推理的关系。近年来，传统教育重在培养孩子的思维能力，而忽视归纳能力的训练，这给创新型人才培养带来了严重的障碍。所以，父母应关注对孩子归纳推理能力的培

养。在平时的教育中，要循序渐进地进行"合情推理教学"的教育。

美籍数学家波利亚曾说："论证推理是可靠的、无可置辩的和终决的；合情推理是冒风险的、有争议的和暂时的。"可见，在数学学习过程中，两种推理之间的运用应该是相辅相成、相得益彰的。过分倚重演绎推理，会阻碍孩子数学素养的提升；过分倚重合情推理，则会使孩子丧失严谨思考问题的能力，难以形成言必有据、合乎逻辑的数学意识。

总之，在孩子的学习中，父母应更多地创设情境，让合情推理和演绎推理相互触碰，在综合的环境下促进推理能力循序渐进，协调发展。尤其是对于中高年级的孩子，不妨选择合适的题目，让孩子经历、感受完整的推理过程，以促进其综合推理能力的发展。

|头|脑|风|暴|

儿童分析推理能力训练营

○ 逛集市：葱为什么卖亏了

一天，妍妍和妈妈去集市买东西。集市里热闹极了，到处都是卖东西的摊位。这时，妍妍说道："妈妈，快看，那边有一个卖葱的摊位，好热闹啊！我们去看看吧！"

原来，摊位上的老板正在热卖自己的大葱。老板说："一捆葱10斤，1元1斤。"突然一个买葱的人说："我买一捆，不过我要分开称，葱白7毛钱1斤，葱叶3毛钱1斤，这样加起来，还是1元，对不对？"

卖葱的老板一想，7毛加3毛正好是1元，于是同意了。他把葱切开，葱白8斤，葱叶2斤，葱白是5.6元，葱叶是0.6元，加起来是6.2元。

事后，卖葱的老板越想越不对，一捆葱应该卖10元的啊，怎么只卖了6.2元呢？你知道这是怎么回事吗？快来告诉卖葱的老板吧！

答案 葱本来就是1元钱1斤，无论葱白还是葱叶都是一样，而分开后，葱白7毛钱1斤，葱叶3毛钱1斤，自然是要亏的。

○ 推理训练：巧解年龄的困惑

游乐场里有12个小朋友正在玩耍，其中，每4个小朋友属于同一个家庭。12个人分别来自A、B、C这3个不同的家庭。而且，这12个小朋友的年龄都不相同，都不超过13岁。也就是说，在1~13这13个数字中，除了一个数字外，其余的数字都表示某个孩子的年龄。

其中，家庭A孩子的年龄总和为21，包括一个4岁的孩子；家庭B孩子的年龄总和为41，包括一个12岁的孩子；家庭C孩子的年龄总和为22，包括一个5岁的孩子。

另外，这三个家庭中只有B家庭中有两个孩子仅差1岁。那么，你能推算出每个家庭中4个孩子的年龄分别是多少吗？

答案　1~13这13个数字的和是91，而3个家庭所有孩子的年龄和是84，因此，不表示孩子年龄的数字为7。

那么，家庭A中的4个孩子的年龄只有4种情况：4、1、3、13，4、1、6、10，4、2、6、9，4、3、6、8。

家庭B中的4个孩子的年龄只能有2种情况：12、6、10、13，12、8、10、11。这样，就能够推出家庭B中4个孩子的年龄不可能是12、6、10、13，否则，家庭A中孩子年龄的4种情况皆不能成立。

因此，家庭B中孩子的年龄必定是12、8、10、11。那么家庭A中孩子的年龄只能是4、1、3、13，4、2、6、9。至此，我们不难得出结论：家庭A中孩子的年龄必定是4、2、6、9；而家庭C中的孩子的年龄必定是5、1、3、13。

○ 失窃案：快速判案的警官

某商店被窃去大量贵重物品，罪犯得手后携赃驾车逃走。最后警察逮捕了甲、乙、丙3名嫌疑犯，而且已经证实罪犯就在这3个人之中，没有其他人。经过一次又一次的突击审查，警察得到了下面的情况：

如果甲不做丙的帮凶，丙绝不可能去那家商店行窃；另外，乙不会开车。警官看完这个报告后，马上认定甲一定是盗窃犯。你知道警官是怎样分析的吗？

答案 警官是这样分析的，如果乙不是罪犯，那么甲或丙是罪犯；又因丙只有伙同甲时，才能作案，所以，甲必定有罪。如果乙是罪犯，因为他不会开车，他必须在甲或丙的帮助下才可能作案；又因丙作案时，甲必定在场，所以甲也有罪。因此，无论怎么说，甲一定有罪。

○ 橄榄球赛场：谁偷走了吉祥物

公牛队和羚羊队是半职业橄榄球赛场上的劲敌。公牛队的一个球员在比赛前夕偷走了羚羊队的吉祥物，直到比赛结束也没有送回来。现在锁定了4个嫌疑人：四分卫、中锋、流动后卫、底线后卫。每个人都做了两次陈述。

四分卫和中锋的陈述是假的；流动后卫有一次陈述是真的，一次是假的；底线后卫两次陈述都是真的。

A. 我不是流动后卫，是中锋偷的。

B. 我不是四分卫，是流动后卫干的。

C. 我不是中锋，是底线后卫干的。

D. 我不是底线后卫，是四分卫干的。

猜一猜：A、B、C、D分别代表谁？羚羊队的吉祥物到底是谁偷的？

答案 A是底线后卫，B是四分卫，C是中锋，D是流动后卫。吉祥物是中锋偷的。

⚫ 寻找王牌：哪种花色才对

扑克牌有四种花色：黑桃、红桃、梅花、方块。一副牌局中，某种花色比其他花色同点数的牌大，则称这种花色为王牌。例如，如果梅花为王牌，那么梅花8就比黑桃8大。

现在，在某副牌局中，有这样一手牌：正好13张牌，每种花色至少有一张牌，每种花色的牌数量不一样，红桃和方块的总数是5张，红桃和黑桃的总数是6张，王牌的数量是2张。请问哪种花色是王牌？

答案 要想知道哪种花色是王牌，我们可以先来假设。

假设红桃数是1，则方块数是4，黑桃数是5，梅花数是3，这与王牌数是2矛盾；假设红桃数是2，则方块数是3，黑桃数是4，梅花数也是4，和每种花色数量不一样矛盾；假设红桃数是3，则黑桃数也是3，同样不成立；因此，只有红桃数为4，方块数为1，黑桃数为2，梅花数为6时成立，因此黑桃是王牌。

○ 序列格：图形推理

序列格是由一些顺序相互关联的内容组成的。现在来看下面两个范例。

在第1个正方形（范例1）中，所遵循的顺序是将格子里的数字依次一分为二。而第2个正方形（范例2）中列举的是一个字母序列，这些字母之间都隔着一个本应存在于两者之间的字母，但该字母并未出现。请问第3个正方形中问号处所缺失的是什么？

512	256	128
64	32	16
8	4	2

（范例1）

A	C	E
G	I	K
M	O	Q

（范例2）

□	□	○	□	○
△	□	○	△	△
□	○	△	△	□
□	□	○	△	△
○	□	○	△	?

答案 三角形。谜题的方格中填满了一系列图形序列，第1个序列为1个正方形，与之相邻的第2个序列中包括1个正方形+1个圆形，第3个序列则扩展到了包括1个正方形+1个圆形+1个三角形，第4个序列为正方形+圆形+三角形+三角形，以此类推，第6个序列是正方形+圆形+三角形+三角形+圆形+圆形，从而可以确定出第7个序列中的问号处出现的应该是三角形。

第七章

·启迪智慧·

思维力训练让学习步步高升

逻辑思维能力是指对事物进行观察、比较、分析、综合、

抽象、概括、判断、推理的能力。

它不仅是孩子学好数学必须具备的能力,

也是学好其他学科、处理日常生活问题所必需的能力。

因此,本章开发、设置了一系列训练思维力的内容,

旨在启迪孩子的智慧。

你了解儿童的思维类型吗

思维是大脑对客观事物概括的、间接的反映。思维的产生与发展对儿童心理发展起着重要的作用，意味着儿童的认识过程完全形成。思维的影响渗透儿童情感、社会性及个性的各个方面。儿童的思维是多层次、多水平、多方面的，一般包括以下几个类型：

1. 动作思维

动作思维也叫实践思维，思维与动作几乎是相互伴随的。儿童在掌握抽象数学概念之前，用手摆弄物体进行计算活动以及玩积木等都属于动作思维，是一种手脑结合的过程，也是在抽象逻辑思维产生之前的一种思维形式。

一般而言，6岁孩子的思维可以依靠头脑中的表象和具体事物的联想展开，他们已经能摆脱具体行动，运用已经知道的、见过的、听过的知识来思考问题。虽然这时动作思维仍占很大部分，但是形象思维也占了很大比例。

7岁以上的孩子，已经不停留在对事物的简单、表面的评价上，而是开始对事物进行比较复杂、深刻的评价。另外，孩子的思维也从事物的外表向内部、从局部到全面进行判断和推理，并且逐步加深。

2. 形象思维

形象思维是凭借事物的形象，并按照描述逻辑的规律而进行的思维。它是反映和认识世界的重要思维形式，是培养人、教育人的有力工具。这种思维带有直观性、具体性，其解决方式是形象手段。例如文学家、艺术家经常用形象去思考，通过形象来表达自己的思想感情。形象思维的作用很广，在语言思维中，形象思维的比重占了80%～90%。

儿童思维能力的发展，一般由形象思维占优势逐步过渡到抽象思维占优势。儿童期正处在形象思维特别活跃的阶段，孩子对具体形象的材料不但容易理解而且非常感兴趣，形象记忆能力也比较强，想象既丰富又逼真。父母应当把握孩子想象发展的最佳时期，重视孩子形象思维的培养，为孩子的创造性思维发展打好基础。

3. 抽象思维

抽象思维也叫逻辑思维或科学思维，是用抽象的概念和理论知识进行的思维。概念、判断、推理是抽象思维的基本形式。抽象逻辑思维是人类特有的思维形式和基本方法。在学习、生活和工作中，需要大量地使用抽象思维判断和解决各种问题。

儿童在掌握语言之后，才开始具有思维。在婴幼儿时期，是以具体思维为主要形式的思维过程；到童年时期，经历着一个从以具体思维为主要形式的思维过程逐步向以抽象思维为主要形式的思维过程的过渡；到青少年时期，才逐渐发展成为以抽象思维为主要形式的思维过程，并逐渐达到成人的思维水平。

4. 聚合式思维和发散式思维

聚合式思维是把问题所提供的各种信息聚合起来得出一个正确答案的思维。思维方向集中于同一个方面，即从同一个方面进行思考，所以也叫求同思维。这种思维在儿童的考试中经常需要用到，例如，从多个答案中选择出一个正确答案，从多种方案中选取一种最佳方案，依靠许多资料归纳出一个正确结论等，都是运用聚合思维法。因此，孩子学习成绩的优劣，与他们的聚合思维水平关系密切。

发散式思维，是一种沿着各种不同的方向去思考，探求新的远景，追求多样性的思维，是一种从同一来源材料探求不同答案的思维过程和方法，也叫求异思维。一般而言，知识经验是孩子发散思维发展的基础，如果没有一定的知识积累，发散思维的发展是有困难的。父母对孩子教育的指向性，家庭学习生活习惯以及父母对孩子的期望水平，都会在一定程度上影响孩子发散思维的发展。

5. 习惯性思维和创造性思维

这是根据思维的主动性和独创性来划分的。用惯常的方法来解决问题的思维，称为习惯性思维，这种思维缺乏主动性和独创性。习惯性思维是人们惯用的一种思维方式，总是喜欢用一种习惯和固定的思路来考虑同一问题，这一思维对孩子创造、学习都不利，因为它发现不了新问题。

创造性思维常常以违反常情或不合逻辑的形式出现。创造性思维有突发性的特点，它要求人们思路灵活，想象丰富，大胆假设，巧妙实验，具备犀利的观察力、敏锐的洞察力以及善于捕捉机遇、抓住关键的卓越本领。

学龄期儿童，创造性思维比之前有所下降，这是由于他们的主导活动变成了学习。学习强调的是必须掌握科学知识，重视逻辑推理的科学思维训练，从而使儿童的思维更具逻辑性和合理性。

以上这些思维，在学龄期儿童身上，存在一定的个体差异，因而发展的程度也会有所不同。父母不要一味地看重孩子思维发展存在的差距，而要采取合适的教育方式，提高孩子各种思维的发展水平。

儿童思维形成的阶段

思维是人在实践活动中、在感性认识的基础上，借助语言和过去经验而实现的一种高级的心理过程。它不仅是认识能力的核心部分，还是主观能动性的集中表现。思维和其他事物一样，有其产生的过程。

那么，人的思维是如何萌芽的呢？

一般而言，思维的萌芽是从儿童时期开始的。儿童刚生下来时不具备思维，此时，婴儿只具有一些先天的本能条件反射，如觅食反射、吸吮反射、抓握反射等。随着儿童的生长发育，直至1岁，孩子才开始出现能够对客观事物进行概括的、间接反映的能力，这就是最初的思维萌芽。具体过程如下：

1. 本能条件反射阶段

儿童本能的条件反射是一种先天的、固定的神经联系，它的适应性很差。在儿童机体的发展和生活条件不断变化的情况下，先天的本能条件反射会逐渐条件化、信号化，从而形成信号性的条件反射。一般认为，条件反射在儿童出生后1～2周产生。

儿童的条件反射是由大脑实现的暂时神经联系，它为机体提供周围环境中与生活有关的信号、信息，使儿童能按照这些信号、信息去认识世界、适应世界。例如，被母亲横着抱的姿势，往往预示着食物（母乳）即将到来。

条件反射的产生是儿童心理产生的标志，而思维是心理现象之一。因此，儿童心理的产生也包含着思维产生的可能性。也就是说，从儿童心理的产生到思维的萌芽，是在儿童机体与生活环境不断相互作用中，感性认识产生和发展的基础，在分析综合能力不断提高，语言开始出现，以及生活经验逐渐丰富的条件下实现的。

2. 逐步形成思维阶段

随着儿童知觉概括性的萌芽，在儿童知觉中逐步形成一个新的认识机能，即儿童逐步认识到物体的经常存在。当然，这需要一个发展过程。一般认为，在1岁左右，儿童对事物逐步形成了知觉常性和永久性的认知。

知觉常性是指当知觉条件，如距离、形状、明度等在一定范围内发生变化时，儿童依旧能够对这个物体的知觉映象保持相对稳定。一般而言，儿童的知觉常性在6～12个月大的时候出现；不过，也有的认为3个月大的婴儿已经有了知觉常性的最初表现。

永久性认知，则是儿童对接触或采取过行动的某一事物，当它不在面前时，还能"想起"这个事物。一般认为，儿童在满1岁的时候，由于动作的发展和语言的产生，对事物的永久性认知也开始出现。

这里有必要说明的是，儿童对事物永久性的认知，实质上就是表象的最初形态。我们知道，表象是感性认识的高级形式。它是儿童对过去已经感知过，但现时并不直接感知的事物的感性映象，是儿童过去对事物的反映在头脑中留下的痕迹。其具有以下特点；

（1）表象不受事物知觉的直接制约，当事物不在的时候，也能在脑中"想起"这个事物。它是儿童真正离开事物"内部化"的心理活动。

（2）表象是对大脑中保留的关于外界刺激痕迹的分析综合，而不是像感知觉那样只是对当时的直接刺激的分析综合。

（3）表象不仅能够使儿童回忆过去，还能使儿童预见未来，加强了主观能动性。

表象的这些特点，尤其是语言的参加，为儿童从感性认识向萌芽状态的抽象思维过渡提供了可能性。也正是由于动作、感觉、知觉和表象的发展，以及语言的产生和经验的积累，使得1岁后的儿童开始产生具有一定概括性和间接性的思维活动。儿童思维就从这种萌芽状态开始，一步步地发展成为高级的思维。

抓住儿童期逻辑思维的发展期

学龄期是儿童思维发展上的一个重大转折期。进入小学，儿童开始了系统的学习活动，学习逐步成为他们的主导活动。因此，儿童必须进行一系列的智力活动，即通过分析、综合、抽象、概括来掌握各种概念和知识，学会进行比较、分类、逻辑判断和推理论证。而这些都能促使儿童的抽象逻辑思维不断发展。

一般而言，儿童从婴儿期到学龄期，思维发展大体上可以分为三个阶段，即直觉行动思维、具体形象思维和抽象逻辑思维。学龄期的儿童正处于从具体形象思维向抽象逻辑思维的过渡时期。其具有以下发展特点：

1. 由形象思维向逻辑思维过渡

学龄期儿童思维的基本特点主要体现在由具体形象思维逐步过渡到抽象逻辑思维。不过，这种转变在很大程度上依旧直接与感性经验相联系，具有很大成分的具体形象性。而且，这种转变并不是一个简单的过程。

（1）低年级儿童思维仍然带有很大的具体性。孩子所掌握的概念大部分是具体的、可以直接感知的。所以，父母如果要求低年级儿童指出概念中本质的东西，常常是比较困难的。只有在中高年级，儿童才逐步学会分清概念中本质的东西和非本质的东西。

（2）儿童抽象逻辑思维的自觉性开始发展，但仍然带有很大的不自觉性。例如，低年级儿童虽然学会一些概念，并能进行判断推理，但是还不能自觉地来调节、检查或论证自己的思维过程。只有在正确的教育下，父母指导儿童逐步从出声思维不断向无声思维过渡的时候，自觉性才会逐步发展起来。

（3）儿童的抽象逻辑思维水平在不断提高。儿童思维中的具体形象成分和抽象逻辑成分的关系在不断发展变化，这是它发展的一般趋势。但是具体到不同学科，这种趋势又表现得不平衡。例如，在算术学习中，儿童已经达到了较高的抽象水平，可以离开具体事物进行抽象的思考；但在历史学习中，却依旧停留在比较具体的表象水平。

2. 儿童思维过程不断发展和完善

随着儿童逻辑思维的过渡，学龄期儿童对事物的分析综合能力得到进一步发展，主要体现在以下三个方面：

（1）概括能力的发展。学龄期儿童概括能力发展的一般趋势为，一年级儿童的概括能力和幼儿差不多，基本上属于具体形象概括；二三年级开始从具体形象概括向抽象概括过渡；四年级大多数儿童进入初步本质抽象的概括水平。

（2）比较能力的发展。小学低年级儿童在进行比较时，常常不善于分清本质和非本质的特征；中、高年级儿童比较能力逐步发展和完善，不仅能对具体事物的异同、事物的明显差别进行比较，而且能对抽象事物的异同、事物的细微差别进行比较。

（3）分类能力的发展。学龄期儿童分类能力发展的趋势为，小学低年级儿童可以完成自己熟悉的具体事物的字词分类，但不能正确说明分类的标准；中年级儿童基本上能根据理解对字词进行分类；高年级儿童则分类能力更加完善，但还不具备组合分析分类的能力。

3. 出现稳定的抽象逻辑思维能力

学龄期儿童思维过程的不断发展和完善，促使儿童开始更好地进行抽象逻辑思维活动。主要表现在以下两个方面：

（1）儿童的概念逐步精确化、丰富化和系统化。在教育影响下，儿童获得各种新概念的数量在不断增加，概念的内容也在不断精确、丰富和系统化。而且，儿童所掌握的每一个概念，其内涵与外延也在不断丰富，使孩子所掌握的知识不断丰富和深刻起来。

（2）儿童推理能力的发展。儿童不但能够掌握各种概念，而且能运用这些概念进行判断推理。学龄期的儿童，不仅能像幼儿时期那样学会初步推理思维活动，还能学会各种间接的、比较复杂的推理思维活动，如类比推理、演绎推理和归纳推理等。

在儿童整个推理思维中，类比、演绎、归纳是密不可分的，只有三者处于有机统一时，孩子才算真正掌握了抽象逻辑思维能力。而这种能力不是自发形成的，很大程度上是经过一定阶段的学习活动而形成的。所以，父母应抓住时机促进孩子逻辑思维能力的发展。

定向培养儿童的思维能力

思维能力是发展儿童智力的核心，善于思考的儿童更容易取得成功。然而，不少孩子在学习上取得优异成绩依靠的却是死记硬背。许多父母还为此感到高兴，其实，这种方法并不可取。时间长了，就容易忽视对孩子思维能力的培养，势必造成孩子思维的僵化，形成一种以死记硬背为主的思维定式，阻碍孩子的智力发展。

因此，教会孩子思维的方法，经常对孩子进行思维训练，发展孩子的思维能力，是父母的一项重要任务。专家说"教育就是教人思维"，可见培养孩子的思维能力是多么的重要。那么，父母应该如何提高儿童的思维能力呢？

（1）掌握思维的方法。想发展孩子的思维能力，父母就必须让孩子自觉地掌握正确的思维方法。方法对了，接下来的学习和训练才会有效果。

（2）丰富表象和语言。思维的过程也就是对信息加工的过程，可以说信息是思维的原料，原料越丰富，思维加工越能够有效地进行。而所谓的信息，归根结底就是语言和表象两大类。因此，为了给思维提供足够的原料，父母应当丰富孩子的表象和语言。

（3）发展思维的形式。抽象思维有概念、判断、推理这三大形式。孩子掌握了一系列的科学概念后，便能在此基础上掌握正确的判断，又在判断的基础上运用正确的推理。孩子的三大思维形式发展了，思维力也就自然得到了培养。

（4）多参加实践活动。实践出真知，只有在实践中才容易发现问题，也只有在实践中才更易解决问题。父母应当让孩子积极参加各种实践活动，一方面使思维为实践服务，另一方面又用实践来检验思维的结果。

（5）遵循思维的规律。思维和别的心理活动一样，具有一定的规律。例如，从具体的、感性的引向抽象和概括，在某一思维的主导下，各种思维互相配合，思维和记忆彼此制约，互相促进，思维的间接性和概括性辩证统一，思维活动的多层次、多水平等。父母必须注重、遵循这些规律。

总之，儿童思维的发展是一步步进行的。首先是对概念的掌握，然后是进行判断和推理。例如，一年级的孩子多为直观判断，并且在很大程度上是以事物的外部特征为依据的；二年级的孩子初步会一些简单的直接推理判断，接下来才是理解水平的提高。

孩子首先掌握的是直接理解，之后才能逐步掌握间接理解。最后使孩子思维的独立性和批判性得到提高。这个时候，孩子们常常不满足于父母或书中关于事物、现象的解释，喜欢独立地寻求事物、现象的原因和规律。

所以，父母在培养孩子的思维能力时，除了运用具体的方法外，一定要遵循孩子思维的发展规律，正确引导才能启迪孩子的智慧。

养成思维习惯，提升孩子的智慧

要发展儿童智力，就必须运用思维能力。正如美国学者雅克·巴所说："思维是对一个事实或一种思想的活动，就像我们吃牛排一样，将它消化、分配至我们的全身，我们的身体可能更强壮……"可见，思维能够给我们带来力量。让孩子养成思维习惯，才能提升孩子的智慧。

具体可以从以下两个方面着手：

1. 设疑解疑，不断激发思维能力

培养思维能力，不仅要有具体的行动，而且要引起孩子的兴趣。父母可以从以下两个方面来具体实施：

（1）善于设疑、解疑。所谓"学起于思，思起于疑，疑是思之端，学之端"，思维是从问题开始的，疑问是引起思维的第一步。有疑和解疑的过程，就是发现问题、提出问题、分析问题和解决问题的过程，这是符合学习认识规律的。因此，父母多给孩子提问、解答是培养孩子思维能力的有效方式之一。

（2）激发孩子学习的兴趣。孔子说："知之者不如好之者，好之者不

如乐之者。"兴趣是最好的老师，是孩子对一定对象的认识、研究以及获得某种知识的积极态度和意识倾向。孩子的兴趣越强烈，思维的启动力也就越大。

2. 科学方法，养成良好的思维习惯

要让孩子的思维更深入地发展，达到敏捷、灵活的水平，必须要有科学的思维方法，以及养成良好的思维习惯。父母可以从以下方法来培养：

（1）有逻辑地思考问题。科学的思维方法，一方面要遵守形式逻辑所阐明的规律，即有条有理，前后一贯，不自相矛盾地去思考问题；另一方面要有辩证的观点，即从事物的相互联系、相互制约、对立统一中去看问题。如此，才能树立正确的思维方法。

（2）善于突破思维定式。人的心理活动常常会出现"心理定式"，在教育孩子的过程中，父母要教会孩子尽量用多种思路、多种思维方式去考虑问题。只有多进行比较、观察，克服了惯性思维，孩子才能发展创造性思维。

（3）重视新旧知识的学习。孩子认识事物、获得知识并不是最终的目的，运用所学知识去解决生活和学习中的问题，才是最终的目的。也就是说，学习的过程，就是不断地把新旧知识进行重新组织，以转换成新概念的过程。

（4）养成独立思考的习惯。在孩子的学习生活中，父母不要过于帮助孩子，而要让孩子主动用大脑思考问题，养成凡事自己想的习惯。尤其是让孩子独立地、创造性地完成作业，即便遇到困难问题也要让孩子自己思考，父母主要是给予提示，而不是直接说出答案。

（5）养成勤学好问的习惯。问是获得知识的有效途径之一，在学习和生活中，父母要教导孩子善于提出问题，培养孩子敢于争论和大胆发表自

己见解的习惯。对关键问题不仅要"问其然",还要"问其所以然",达到真正了解的目的。

　　思考的目的在于释疑解惑,通过"疑"来引导孩子进行"思"能够达到锻炼思维的目的,在"思"的过程中讲究科学的方法,则能更有效地促进"思"的发展。父母只要做好这两个方面,就一定能让孩子拥有一个善于思考的大脑。

提问法培养孩子的逻辑思维能力

　　在整个学龄期，儿童的学习任务逐渐加重，最突出的体现是作业。作业不仅可以检验孩子的学习效果，还能够锻炼孩子分析问题、解决问题的能力。作为孩子的第一任教师，父母最主要的工作并不是教孩子具体的知识，而是培养孩子解决问题的思维。比如，在辅导孩子写作业时，可以给孩子提问题，以引导孩子自己完成任务。

　　如果孩子在学习上遇到了困难，父母不妨试着运用以下方式启发孩子的思维：

　　（1）"你真的不会做这道题吗？再多看几遍。"孩子不会解题有可能是没有理解题目的意思，所以，让孩子认真审题，能够培养孩子耐心和细心的习惯，遇到问题依靠自己慢慢解决。

　　（2）"如果不会，你能告诉我是什么题目吗？是数学还是英语？是数学中的运算还是图形？"这样问是为了引导孩子把问题归类，把不懂的问题纳入到孩子的知识框架中去，帮助孩子缩小问题的范围。

　　（3）"能把题目念给我听一听吗？"一般来说，解答题目的思路和信息大多包含在题目中，让孩子把题目认真地念给自己听，可以让孩子在读题的过程中再次审题，这样可以培养孩子的思考能力。

（4）"这道题有哪些已知条件？需要解决怎样的问题？"这样问是为了引导孩子学会分析问题，找出问题的关键点，学会把问题由繁变简，筛选出最有效、最有用的信息。

（5）"你再仔细看看，由已知条件向未知条件过渡，需要用什么样的公式、定理？"这样可以引导孩子回忆所学知识，并从中得到解题的思路。

（6）"你能将这些定理、公式写出来吗？实在回忆不起来，就先看看书。"这样做的目的是引导孩子带着问题，有目的地去复习。

（7）"熟悉这些定理、公式后，再试着用它们来解题，看看是否有用。"让孩子在复习后，运用所学知识，尝试着把题目解答出来。

（8）"这些定理、公式还是无法解答题目，是不是隐藏着什么条件？需不需要做一些辅助？"这样做是为了让孩子学会分析问题，拓展思维，培养求异思维能力。

（9）"如果这样还做不出来，那就只能求助了。"这样做是让孩子在遇到无能为力的事情时学会求助，充分、有效地利用身边的资源。

（10）"求助后还是做不出来，或许是题目超出了范围或者题目自身有问题，那就不做了。"告诉孩子要敢于挑战，更要学会质疑，对于完全超出自己能力范围的事情应学会放弃。

这10种方式，对于提升孩子的学习成绩，培养孩子的逻辑思维能力有很大的帮助。总的来说，能够起到以下两个方面的作用：

（1）把主动权交给孩子，增强了孩子的自信心。让孩子觉得这个问题是自己解决的，有成功的体验，从而有主动学习的欲望。尤其是通过探索而对事物有了深入的认识，孩子就会感到自己可以解决问题，激发孩子的学习兴趣，让孩子在自主探索中树立信心。

（2）保持教学一致性。父母用自己的方式辅导孩子，有时难免会与老师的方式不一样。而通过提问的方法，父母反复问问题，孩子不断回忆，这样既维护了老师的权威，又教会了孩子看书，让孩子知道了书本的重要性，使父母的行为和老师的教学方式一致。

　　总之，父母要相信孩子，把学习的主动权交给孩子，把探索的机会留给孩子，而不是为孩子操办一切。协助引导孩子远比直接告诉孩子答案好得多，这样更有利于孩子思维和智力的发展。

儿童思维力训练营

○ 巧取滚珠：独特的思维运用

一天，明明的爸爸拿出一个塑料软管，对明明说："仔细看好了，这个两端开口的塑料软管里装有10颗大小相同的玻璃球，其中有4颗颜色较深，6颗颜色较浅。塑料管的内径刚好能让一颗玻璃球通过。"

如果4颗颜色深的玻璃球在中间，6颗浅色的玻璃球分别在两边，在不切断塑料软管的条件下，如何先把深色的玻璃球取出来呢？

答案　由于塑料软管是软的，所以可以将塑料管弯成一个圆，使两个端口连接在一起，然后将一边的浅色玻璃球滚到另一边，再伸开塑料管就可以取出深色玻璃球了。

○ 趣味毛笔字：你写对了吗

周末，若心的爸爸正在练毛笔字，趁着爸爸离开的片刻，若心调皮地拿起毛笔在纸张上画了一个大大的"×"。爸爸回来后，看见纸上的"×"，刚想发脾气，突然他灵机一动，就想出了一个题目，要考考若心，以示惩罚。

题目是这样的：这张画"×"的纸是由64个小正方形组成的，"×"正好画在正方形的对角线上。在未画到的格子里写上8个字，这8个字不能处在同一横线或者竖线上，也不能在同一对角线上，爸爸已经在空格里写了1个字，剩下的7个字该如何写呢？

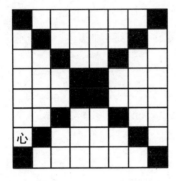

答案

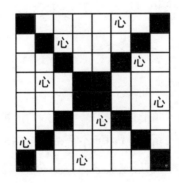

○ 填色游戏：逆向思维训练

婷婷非常喜欢美术，画的画经常受到老师的表扬。为此，每次提到画画，婷婷都很自豪。爸爸见状，想小小地刺激一下婷婷，于是说道："画得好还不够，大脑还要聪明。"

婷婷说："我也很聪明啊，不信，你可以考考我。"

于是，爸爸在纸上画了一个图形（见下图），然后说道："现在你来填色，分别涂上红、黄、蓝、绿4种颜色，而且必须满足下面的条件。"

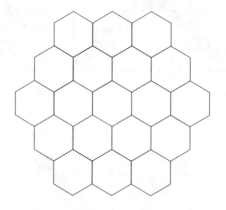

（1）每种颜色的六角形至少有3个。

（2）每个绿色六角形正好和3个红色六角形相接。

（3）每个蓝色六角形正好和2个黄色六角形相接。

（4）每个黄色六角形至少各有一边分别与红色、绿色和蓝色六角形相接。

婷婷听了这个题目，大脑一片混乱，你能帮她想想怎么填吗？

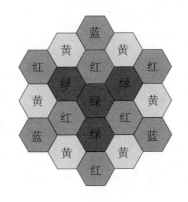

● 3位客商：各做什么生意

在一家店，主人接待了3位过路的客商，他笑嘻嘻地询问这3位客人是做什么生意的。

一位女客商说："我卖的是'铁打一只船，不推不动弹，开船就起雾，船过水就干'。"店主人听了满意地点了点头："欢迎，欢迎。"

另一位胖客商随后答话："我的货是'又扁又圆肚子空，有面镜子在当中，人们用它要低头，摸脸搓手又鞠躬'。"店主人会意，热情地说："请进！请进！"

最后一位瘦瘦的客商说："我的货'远看像座山，近看不是山，上边水直流，下边有人走'。"

店主人听了客人所说的话，就知道他们各卖什么货了。你能说出他们分别卖的是什么货吗？

答案 女客商卖的是熨斗，胖客商卖的是脸盆，瘦客商卖的是伞。

● 劫持运钞车：劫匪是如何溺死的

惯犯艾威和曼达成功地打劫了一辆运钞车，然后坐上摩托车逃跑了。就在两人得意的时候，身后响起了一阵警笛声，逃了没多久，摩托车没油了，两人只好弃车逃入农田。

路过一座农舍的时候，艾威发现屋里空无一人，农舍外还有一口很深的古井。艾威对曼达说："我有办法了，如果我们一直跑，一定会被抓住，不如就躲到农舍里。我假装农舍的主人，你用防水袋套住钱，含着一根吸管，躲到井里去。如果我被抓住，你就拿着钱走。"

曼达犹豫地说："这样恐怕不行，警察哪会那么轻易相信啊！再说井水那么深……"

艾威很快打断了他的话："笨蛋，难道你想被抓住吗？井水深不要紧，只要有一根长长的管子就能呼吸了。"

曼达同意了。于是艾威把一根长3米、直径不足2厘米的管子交给曼达，让他拿着钱躲进了井里，然后自己跑到农地里躲了起来，而没有装扮成农舍主人。

半个小时后，警察进行了全面搜查。虽然艾威藏得很隐蔽，可是凭着警犬的嗅觉还是找到了他。片刻后，警察也发现了曼达，打捞上来的时候发现他早就溺死了。

警察向艾威询问了曼达躲到井下的经过，然后对艾威说："你为了独吞钱财而杀了同伴，真是心狠手辣啊！现在，你除了抢劫，又添了一项故意杀人的罪名！"

那么，你知道警察是根据什么线索知道是艾威杀了曼达吗？

管子直径不足2厘米，却有3米长，这么狭窄的空间根本无法完成空气交换，所以曼达在井里溺死了。艾威是想借这个机会除掉曼达，从而独吞赃款。

○ 剃头：阿凡提的解释

阿凡提给一个常干坏事的家伙剃头。因为他太坏了，阿凡提想整治他一顿，于是刮脸时问他："眉毛要不要？""当然要。"那家伙回答。阿凡提"嗖嗖"几刀，就把两道眉毛刮下来，送到他手中说："要就给你！"这个坏人气得说不出话来，谁叫自己说要呢？

阿凡提又问："胡子要不要？""不要，不要！"这回他连忙答道。阿凡提说："好，不要就刮掉！"说完又"嗖嗖"几刀把他的胡子刮下来，甩在地上。

这个坏人的脑袋被刮得精光，像个鸡蛋。他怒气冲冲地质问阿凡提："为什么剃成这样？"阿凡提解释道："我是遵照你的吩咐剃的呀！"阿凡提解释一番，对方听了很无奈。你能分析一下阿凡提是怎么解释的吗？

答案 阿凡提主要抓住"要"这个字的多义性来解释。"眉毛要不要"的"要"字有两个意思，一个是拿去，一个是留着。同样，胡须也是一样的。面对阿凡提这样的问题，最好的回答就是具体一些，比如"要留着"，这样对方就无法钻空子了。

○ 生死抓阄：大难不死的大臣

一位皇帝定了一条法律：在罪犯处死前，让犯人在木箱里抓阄，一个写着"生"，一个写着"死"。如果抓到"生"字的纸卷，就当众释放；如果抓到"死"字的纸卷，就立刻杀头。

有一位正直的大臣遭到宰相的诬告、陷害而入狱，在执行处罚的时候，宰相为了让大臣在抓阄时没有生的希望，于是用重金收买了掌管木箱的法官。

法官将纸卷都写了"死"字，这样无论摸到哪一张都是死。一个有正义感的狱卒把这事告诉了狱中的大臣，大臣很感激他。

抓阄的时间到了，法官把木箱放在皇帝面前，宰相站在一旁心想："这回他死定了。"大臣泰然地走到木箱前，伸手摸了一张。可是结果呢？大臣并没有死，国王依据法律把他放了，你知道大臣用的是什么方法吗？

答案 大臣抓阄后，直接把纸条吃了，这样剩下的那张纸条写着"死"字，吃了的必然是"生"字了。

第八章
—·明辨是非·—
判断力凸显孩子的敏捷思维

判断力就是洞察、辨别、认识事物本质的能力，

是一个人在面对选择时做出正确决定的能力。

然而，现在的孩子大多唯老师之命是从，唯家长之命是从，

已经缺失了独立判断的权利和能力。

因此，父母要做的就是还孩子以自由选择的权利，

培养孩子对事物做出正确判断的能力。

判断力是儿童不可或缺的能力

当下是一个价值多元化、道德多元化、文化多元化的时代。因此，孩子需要有很好的判断力，才能对自己的行为做出正确的判断。然而，当下父母对孩子的判断力教育却存在一些疑问，比如，什么是判断力教育？为什么要进行判断力教育？其实，之所以要求父母了解判断力教育，是因为从孩子的发展来看，判断力教育是孩子必备的一项能力，它有着重要的作用。

1. 树立孩子理性的价值观

一般来说，孩子在生活中的行为能力是其判断力的表现形式之一。孩子所拥有的行为品质、生活境界，都取决于其行为和生活自身所蕴含的思想和品德。如果孩子从小没有树立良好的思想和品德，未来的生活必将是空洞和无趣的。

培养孩子的判断力就是对儿童的行为进行引导和约束，培养孩子理性的价值观，从而让孩子理性地对待生活。这种理智主要表现在孩子对法律和道德的遵循，尤其是在当下有些人价值观混乱，在多元价值秩序中，理智的判断力显得尤为重要。

2. 摆脱各种不良的思想

孩子的判断力包含了很多内容，既包括对价值、道德、文化的正确判断，还包括逻辑判断力、自然判断力、生活判断力等。其中，价值判断力和道德判断力显得更为重要，因为这两个方面优秀的孩子必定是一个有教养的人。相反，如果一个孩子道德判断力发育不健全或丧失，其勇敢的行为常常意味着鲁莽。

可见，判断力犹如航船之舵，它是孩子内在心灵的指引。而教育的使命就在于赋予孩子理性和良好的判断力，让孩子拥有智慧，从而摆脱各种不良的思想。

孩子的判断力就像一株不断成长的植物，父母需要细心培育和不断看护，这样才可能在所有情况下都结出果实。

3. 促进孩子对知识的学习

一切比较完善的知识都需要经过两个阶段才能形成，一是感性知识，二是理性知识。

理性知识是感性知识的高级发展阶段。当然，孩子在运用理性知识进行判断的具体过程中，理性和感性是交错互动的，两者没有清晰的界限，并非泾渭分明。

孩子判断力的正确性一般建立在比较充分、完善的知识基础之上。我们常说的"知识就是力量"，就从一个侧面说明储备知识可以大大提升孩子的判断力。

因此，父母培养孩子的判断力不仅要注重知识的传授，还要让孩子对真理原则、价值尺度能够全面占有、深刻领悟和灵活运用。对于父母来说，最好的教育就应该遵循孩子知识增长的自然进程，循序渐进地进行，而不是强塞。

4. 让孩子学会独立思考

孩子的判断力关系着其洞察力、理解力、鉴赏力等，而其中任何一种能力都不是自然而然成长起来的，必须经过自觉训练和培养才能逐步完善。由低级到高级，孩子的判断力发展也会呈现出明显的顺序性和阶段性。如果不理解这一点，在培养孩子的判断力方面，就很难体现出理性和自觉。

判断力也是思维能力的体现，孩子的思维能力和思维水平取决于他的思维态度、思维方式和思维习惯。尊重孩子的好奇心、想象力和探究意识，培养其良好的思维态度、思维方式和思维习惯，是培养判断力的核心内容。

5. 良好的判断力让孩子不再言听计从

我们之所以要对孩子进行判断力培养，不仅是因为当前孩子判断力的缺失，更是因为"唯书""唯师""唯上"的教育观念。父母和教师在教育孩子的时候，往往习惯于压制"不从"，认为只要是听话的孩子就是好孩子，就会有好成绩。其实，这就严重忽视甚至扼杀了孩子对事物做出的判断。

在父母的潜意识中，认为"顺从"是一种美德，而"不从"则是一种恶习。而孩子的精神和判断力要想真正获得发展，必须敢于对形形色色的成见和"标准答案"说"不"。

就如埃里希·弗洛姆说的那样："人的智力发展依赖于不从的能力，即对试图禁止新思想的权威人士的不从和对长期形成的已变为废话的权威观点的不从。"

　　因此，良好的判断力可以让孩子更加自信地对事情做出判断，而不是完全听父母的，这不但有利于孩子更加理性地认识事物，而且还能树立孩子的自主意识。

培养儿童判断力的主要内容

什么是判断力？简单来说，就是对客观事物有所肯定或者有所否定的思想。拥有正确的判断才能取得工作和学习的成功，而错误的判断却很容易导致失败。进行判断力培养，目的是让孩子对客观现实做出正确的判断，以便更好地认知事物。

具体说来，培养孩子的判断力，主要包括文化判断力、价值判断力和道德判断力三个方面的内容：

（1）文化判断力，是孩子对一定文化现象及其价值所表现出来的选择、识别、取舍、整合的认知能力。这主要体现在孩子的各种文化生活的意识形态层面，例如信仰、道德、习俗、生活方式等。良好的文化判断力会让孩子变得更加知性与理性。

（2）价值判断力，是孩子对于事物的真伪、善恶进行判断的一项能力，主要体现在对周围事物的好坏做出自己的判断，一个正确的价值判断应该是符合全体成员最高利益为标准的认知。多让孩子读文化经典，从中汲取营养，有利于孩子价值判断力的提高。

（3）道德判断力，是运用一定的道德标准对一定的事件或行为进行对与错、当与不当的判断的能力。道德是孩子对一定的社会规范准则的认识、体验以及依据这些准则所表现的行为。及早地对孩子进行道德情感的培养，有利于孩子形成真、善、美的品德。

这三者之间既存在区别又相互联系，有着相对独立性和内在的统一性，要培养孩子完整的判断力，必须将三者加以融合。因此，培养孩子的判断力不能从单个层面出发，而应该全面进行。

判断力培养教给孩子的不仅仅是客观知识，更像是一种人生态度。知识帮助孩子提升文化水平，但并不能塑造孩子完整的人格。因此，父母必须清醒地认识到，判断力相对于知识更有它存在的不可或缺性，它将促使孩子人格的养成。如果父母的教育不能很好地培养孩子的判断力，那么在很大程度上是不尽责的表现。

注重培养儿童道德判断力的原因

我们常说，孩子的世界是纯真的。其实，孩子也和成人一样，尤其是学龄期后的孩子，每天都需要运用自己的道德认识进行判断，并做出行为决策。每一个孩子的道德认识水平都存在差异，有的孩子"懂道理"，行为也符合社会准则，有的孩子却"不讲理"，甚至"乱来"。因此，注重对孩子道德判断力的培养势在必行。

通常情况下，孩子判断一件事是好是坏，往往会受到成人尤其是父母的影响。例如，孩子打人了，他会说："我妈妈说，要是有人欺负我，就应该打他。"孩子不拿别人的东西，是因为"妈妈知道了会骂我"。

从孩子的这种行为来看，孩子的道德判断倾向于依赖父母的权威教导，也说明了孩子在判断一件事情的时候更多是服从父母的教导。正如皮亚杰所说："孩子的第一个道德是服从，而所谓善的另一个标准长期以来就是父母的意志。"可见，孩子近乎绝对地信任父母。

那么，如何才能让孩子脱离父母的影响，建立自己对道德的判断力呢？

1. 营造民主、和谐的家庭氛围

一般来说，道德判断力高的孩子，其家庭氛围都比较民主、和谐。父母比较善于言语诱导，以理服人，而且比较注意提高家庭生活的民主气氛，尤其是让孩子有较多的自由选择与决定的机会，与孩子交换意见，讨论做出的决定，并与孩子一起评估将会造成的后果。

例如，父母要重视让孩子在发现问题时自己思考和讨论解决方法，而不是一味地指导。坚持这样做了之后，孩子的独立判断能力和解决问题的能力就会大大地提高。所以，适当地放手，让孩子用民主方法解决道德判断与行为问题，是十分必要的。

2. 掌握科学的约束技巧

孩子的道德判断力与父母的约束有关，不同的约束手段起到的效果也不一样。一般来说，父母对孩子行为的约束有三种：第一是强制，如体罚、命令、剥夺物质目标（如不许吃零食），或剥夺某些权利（如不许出去玩）等；第二是说理，向孩子解释行为可能导致的后果；第三是"情感取消法"，即不理睬孩子，威胁说不要他了，或明确表示不喜欢孩子等。

这三个手段，强制法只会形成孩子低水平的道德判断，而说理法则能够形成较高水平的道德判断，情感取消法效果却不明显。综合来看，采用说理的方法是最合理的，同时可以辅以适度的惩罚，让孩子从错误中吸取教训，帮助孩子认识错误。而情感取消法，一般可以在父母与孩子关系相当好的情况下偶尔采用。

3. 积极引导，帮助孩子理解他人

后天的教育关系着孩子能否成才，尤其是在道德判断力的教育上，如

果没有正确的引导，孩子就容易失去分辨美丑、善恶的能力，自然也就失去了自我提升的阶梯。孩子每天都生活在集体中，面临父母、同伴的要求和纪律的约束，能否正确理解和判断别人的想法、情感、要求和企图，在很大程度上决定了他能否与身边的人友好相处。

所以，父母应该帮助孩子提高理解他人的能力，这是孩子学习良好行为思想、情感的基础。孩子的道德判断能力提高了，就能有效地解决日常生活中的行为问题。父母可以让孩子玩角色扮演游戏，让孩子站在别人的角度体验生活情景，从而学会设身处地地为他人着想。

另一方面，父母还可以与孩子讨论各种道德问题。讨论的话题尽量与孩子的实际生活相关，让孩子真正地参与进来。讨论时，父母应该针对问题引导孩子说清楚为什么要这样判断，让孩子说出不同的看法、不同的意见，提出不同的解决方法，并对孩子的想法做出评价。

父母还要关注孩子生活中的喜怒哀乐、学习中的苦辣酸甜，关注孩子的生活细节，通过对这些具体细节的引导和规范，促使孩子把做人做事的规矩等内容，逐步内化为自身的良好习惯；处处注意以身作则，为孩子树立良好道德行为的榜样。如此，才能真正有效地提高孩子的道德判断力。

别让你的孩子缺失判断力

父母是孩子的第一任教师。教孩子走路的目的在于让孩子能够独立行走，而判断力培养的目的则是让孩子能够从容地、独立自主地面对生活。良好的教育在于不蒙蔽孩子的理性，不损坏孩子的判断力。然而，当下孩子的判断力教育非常缺失。如果不想让孩子缺失判断力，父母就应该有所改变。

1. 改变传统思想，听孩子说"不"

要培养孩子的判断力，父母首先要从观念上改变当前教育中的"大一统"思想，允许孩子出现"不从"的想法，让孩子在"不从"中展现自己的判断。

一般来说，儿童在成长的过程中总会有许多自己的想法和做法。真正有智慧的父母不会要求孩子的想法与自己保持一致，也不是简单地给出"是"或者"不是"，"对"或者"不对"之类的判断标准，而是与孩子一起耐心地考察这种想法和做法的合理性。

儿童只有在自主思考和自主行为的过程中才能学会思考、判断和选择，只有在亲身体验的过程中才能真正掌握做事的依据、方法和技巧。父母要改变传统的一味让孩子"服从"的思想，放飞孩子的思想，让孩子自己去做判断。

2. 平等对话，还孩子思想自由

虽然家长在孩子面前需要保持一定的权威，但总是对孩子居高临下，是不值得提倡的。父母与孩子之间的关系应该是平等的，父母不应该将自己变成一个权威，而应该和孩子成为朋友。只有父母与孩子之间建立民主、平等、信任的关系，交流起来才会更畅通，孩子才能自由地表达自己的思想，这是对孩子判断力培养的第一步。

那么，父母如何与孩子进行平等对话呢？例如，可以适当让孩子做主，晚餐要吃什么，周末如何安排作业和玩的时间，而不是强制孩子按自己的规定来执行。这样就改变了父母居高临下的作风，表现出对孩子的尊重。

另外，父母还应该做孩子的耐心听众，倾听孩子的想法。大多数情况下，父母的倾听会给孩子莫大的鼓励，这种倾听使孩子明白自己可以与父母平等地交流，而不仅仅是听父母的教导，这有利于家庭关系的和谐。

3. 尊重孩子的判断，给孩子选择的权利

当下，对孩子的教育存在一定的"专制"性，父母指导孩子时往往直接告诉孩子标准答案，不容孩子有半点质疑。如此长久灌输下去，孩子容易失去个体发展的自觉性和能动性，更不用说对事物的主观判断了。

因此，在孩子的教育中，父母应该尽量让孩子自己做决定，并尊重孩子的决定，让孩子体会到自己选择的后果。或许有些父母会担心，不正确的决定会导致孩子丧失自信心，变得自卑，其实，这种想法有些杞人忧天了。

事实是，当孩子认识到自己的决定会影响自己的生活时，他们反而会变得更加自信，因为他们自己改变着自己的生活。而且随着孩子做出决定的次数越多，孩子的能力也会变得越强。也就是说，无论孩子的选择是对是错，都会对孩子判断力的形成起到促进作用。

孩子的判断难免会失误，但失误并不可怕，这是孩子心智成长的必经过程。父母要包容孩子的失误，用积极的眼光看待，这样就能在很大程度上改变孩子判断力缺失的状态。

改变儿童判断力缺失的三种方法

当下，判断力欠缺的现象在孩子各项能力的发展中是普遍存在的。无论是在学校教育还是家庭教育中，判断力培养往往被忽视，而更多地将知识教育视为重中之重，培养出高分低能，甚至是高分低德的孩子。想要改变这种现状，父母首先要改变自己的观念。

那么，父母该如何做呢？可以从以下三方面全面、有效地开展：

1. 多让孩子阅读

高尔基说过："书籍是人类进步的阶梯。"阅读是加强孩子的文化修养、改善文化判断力的有效方法。让孩子享受阅读，爱上阅读，是培养判断力的有力措施。

在阅读中，很多文化信仰会被逐步树立起来，如此一来，孩子就能够以理智的文化来抵御低俗的文化。尤其是学龄期的孩子，他们对于文化的判断还不清醒，更需要父母加以指导，而阅读是最好的选择之一。

2. 多用哲学启示

哲理总是能够让人信服，这里的哲学更多的是指一些浅显的哲学理念。例如，对于低年级的孩子，可适当引用一些浅显的哲学道理来帮助他们认识世界，定位基本的价值取向；对于高年级的孩子，则可运用深一些的哲学思想来引发思考，让他们进一步提高自身的价值判断力。

父母可以通过给孩子讲解一些哲学、社会学、人类学相结合的知识，通过浅显易懂的方式引发孩子对一些价值问题加以思考，也可以通过哲学沙龙的形式，让孩子在互相交流和讨论中加强对价值的认知和判断，以促进孩子价值判断力的提高。

3. 多用案例教导

道德判断力，可以说是最为直观的一项能力，因为它会最明显地体现在社会生活中，也会最有效地影响社会状态，因此，加强道德判断力教育是最为迫切的。

父母可以充分运用案例教学法，让孩子通过身边的种种案例引发思考。比如，如果是自己遇上这样的问题会怎么处理？如果是自己受到了这样的危害希望别人怎么做？通过双向思考来激励孩子坚定道德立场，树立正确的道德观，加强道德判断力的培养。

总之，父母要认识到，教育培养的是孩子的未来，加强判断力的培养是不可忽视的一个重要环节。在这个过程中，需要父母引起足够的重视，以帮助孩子培养起自身正确的判断力。

儿童判断力训练营

○ 判断性别和职业：如何理清关系

老李家有3个儿女：老大有些色盲；老二患过小儿麻痹症，左脚略微有点跛；老三口吃。不过，他们从小就刻苦学习，长大后都有所作为。3个人中有一位是画家，有一位是篮球运动员，还有一位是翻译。

他们各自成家后相处得非常和睦。画家外出，把孩子留在孩子的姑妈家，与姑妈的孩子一起玩。一天晚上，电视转播篮球比赛，两个孩子兴奋地指着电视屏幕大叫，一个说："那是舅舅！"另一个说："那是伯伯！"

你能判断出老大、老二和老三的性别和职业吗？

答案 老大色盲，所以不能绘画；老二腿脚不方便，肯定不能打篮球。根据小孩看篮球赛时说的话，推断老大为篮球运动员，且为男性。而且老大有弟、妹各一个（叫"舅舅"者是妹妹的孩子，叫"伯伯"者是弟弟的孩子）。

画家将孩子寄留在孩子的姑妈家，则画家为男性，而翻译则为女性。又因为老三患有口吃，所以他无法诵读外语，其职业只能是画家。

○ 猜一猜：谁是最聪明的人

期末考试就要到来了，明明、妍妍和美美3个人要一起参加考试。不过，这3个人中每一个人的智力都不一样，3个人中有一个是最聪明的。你可以从下面3句话中，判断出谁最聪明吗？

明明说："如果我不聪明，我将不能通过语文考试；如果我聪明，我将能通过数学考试。"

妍妍说："如果我不聪明，我将不能通过数学考试；如果我聪明，我将能通过语文考试。"

美美说："如果我不聪明，我将不能通过语文考试；如果我聪明，我将能通过语文考试。"

考试结束后，证明这3个人说的都是真话，并且：第一，聪明人是3人中唯一通过这两门科目中某门考试的人；第二，聪明人也是3人中唯一没有通过另一门考试的人。

那么，这3个人中谁最聪明？

答案 最聪明的人是妍妍。假设聪明人是明明，则妍妍和美美都不是聪明人，这样就会得出明明和美美都没通过语文考试的结论，与条件矛盾，不成立。

假设聪明人是美美，则明明和妍妍都不是聪明人。这样就会得出妍妍和美美都没通过数学考试的结论，与条件矛盾，不成立。

假设聪明人是妍妍，则可得出妍妍是唯一通过了语文考试，也是唯一的没有通过数学考试的人，所以成立。

○ 县官断案：谁是罪犯

县官在审理一起抢劫案，一共有甲、乙、丙3名嫌疑犯。其中，说真话的一定不是罪犯，说假话的肯定是罪犯。

县官在审问甲的时候，正好响起一声雷，所以县官什么也没有听见；于是他接着问乙和丙："甲刚才说的是什么意思？"

乙说："禀告老爷，甲刚才说他不是罪犯。"丙说："老爷，甲已经招供了，他说他就是罪犯。"根据乙、丙说的话，你知道究竟谁是罪犯吗？

> **答案** 根据"说真话的一定不是罪犯，说假话的肯定是罪犯"，甲说自己不是罪犯，乙如实回答了问题，丙却说了谎，所以断定丙是罪犯。

○ 帽子的颜色：你猜到了吗

老师让6个孩子等间距地围坐成一圈，让另1个孩子坐在中央，并拿出7顶帽子，其中4顶白色，3顶黑色。然后老师蒙住7个孩子的眼睛，并给每人戴1顶帽子，而只解开坐在圈上的6个孩子的眼罩。这时，由于坐在中央的孩子的阻挡，每个人只能看到5个人的帽子。

老师说："现在，请你们7人猜一猜自己头上帽子的颜色。"大家静静地思索了好一会儿。最后，坐在中央的、被蒙住双眼的孩子举手说："我猜到了。"

你知道他戴的是什么颜色的帽子吗？他是怎样猜到的？

答案 假设甲是坐在圈上的孩子之一,如果甲看到的5顶帽子是4白1黑或2白3黑,甲马上会猜到自己戴的帽子是黑帽还是白帽。可是,"大家静静地思索了好一会儿",说明甲正在犹豫不决,也就是说甲看到的是3白2黑,还有1白1黑分别戴在甲和甲看不见的人——对面坐着的孩子头上。即相对两人所戴帽子颜色不同。

坐在中间的孩子按这个逻辑去推导,3组相对而坐的人必然戴着3顶白帽和3顶黑帽,而剩下的1顶白帽一定是戴在自己头上了。

○ 谁打碎了花瓶

周末,小杰和芳芳去小庆家玩,他们在房间里乱跑。不一会儿,小庆的爸爸做好了饭,让芳芳他们去吃饭,他自己去了书房。到了书房后,小庆的爸爸发现摆在书柜里的花瓶被打碎了,这让他很生气。小庆的爸爸从书房出来后,问小朋友们:"是谁打破了花瓶?"

小庆说:"不是我啊,我今天没有去过您的书房。"

芳芳说:"那些花瓶很漂亮,可我只是看了看,没有碰啊!"

小杰说:"我没有碰那个插着玫瑰花的花瓶呀!"

花瓶肯定是他们3个人中的一个打破的,根据他们每个人说的话,你能判断出到底是谁打破了花瓶吗?

答案 根据芳芳说的话,可以知道小庆的爸爸有好几个花瓶,而小庆的爸爸只问是谁打碎了花瓶,并没有说是哪个,小杰说:"我没有碰那个插着玫瑰花的花瓶呀!"说得非常具体,这是不打自招,打碎花瓶的一定是小杰。

● 动物运动会：排名谁先谁后

动物园里正在举行运动会，小兔、长颈鹿、斑马、羚羊、乌龟、大象、牛、豹子8名运动员参加了马拉松赛跑。比赛结束后，它们有这样一段对话：

斑马说："羚羊得了第一名。牛不在我的前面。"

羚羊说："长颈鹿没有牛跑得快。小兔不在大象的前面。"

豹子说："斑马得了第一或者第二名。长颈鹿不是第四名。"

小兔说："我得了第二名。乌龟不是最后一名。"

长颈鹿说："我不在豹子的前面。羚羊不在我的前面。"

乌龟说："大象不比我跑得快。豹子不在小兔的前面。"

牛说："有两人同时到达了终点。小兔不在我前面。"

大象说："斑马不在我的前面。羚羊不在小兔的前面。"

每一位运动员都说了两句话。据观看了比赛的人说，动物们的这16句话中，只有一句是正确的。那么，你知道哪一句是正确的吗？这8名运动员分别得了第几名？

答案 一句一句地假设这16句话是正确的，可推知只有在长颈鹿所说的"我不在豹子的前面"为正确时，其他15句话是错误的。

由此推出只有长颈鹿的前一句话是正确的，那么，便可以很容易推出比赛的名次依次是豹子、羚羊、小兔、长颈鹿、牛、斑马、大象、乌龟。比如从小兔的话中可推知小兔不是第二名，乌龟是最后一名；从豹子的话中可以推知斑马不是第一或第二名，长颈鹿是第四名，余下的依此类推。

第九章
── · 想象力与创造力培养 · ──
点亮孩子智慧的源泉

想象力是指在已有的认识基础上，

构造没有见过的事物或形象，是人所特有的高级认识过程；

创造力则是人的能力中最重要、最宝贵、层次最高的一种综合能力。

孩子想象力丰富，对事物充满好奇心，只要正确引导，

就能点燃创造思维的火花。

创造力是儿童学习的动力和潜能

　　创造力是人们在创造性解决问题过程中表现出来的一种个性心理特征，是在一定的目的支配下，运用一切自身掌握的信息，发挥自己的创新性思维，产生出某种新颖、独特、有社会或个人价值的产品的能力，其核心是创造性思维能力。

　　所谓创造性思维，是指在强烈的创造动机和外在启示下，充分利用大脑意识和下意识活动能力，借助于各种具体的思维方式，以渐进性或突发性的形式，对已有的知识经验进行不同方向、不同程度的再组合、再创造，从而获得新颖、独特、有价值的新观念、新知识、新方法、新产品等创造性成果。也就是说，任何创造活动都离不开创造性思维。

　　一般而言，大到科学研究上的重大发现，生产技术和产品的改进及发明，文学家、艺术家的塑造和构思，小到儿童的学习，例如绘画、做游戏以及解答数学题等，都是创造力的体现。

　　然而，创造力是一个模糊的概念，许多父母总是把创造力限定在创作艺术品、音乐作品的艺术能力上，其实，这种看法是片面的。真正的创造力是思考并做出反应的过程，是把想象的事情变为现实的能力，是用独特的方式建筑或者改造现实世界的能力。对于孩子来说，创造力是其学习的动力和重要的潜能之一。

心理学家认为，儿童的创造力是其对过去经验的回忆，并对这些经验进行选择，重新组合，加工成新的模式、新的思路或新的产品的能力。具体来说，孩子的这种创造行为可表现在动作、语言、感知觉、想象、思维及个性特征等各个方面。

例如，孩子关心身边的事物，有强烈的求知欲，总有问不完的问题，而且"打破砂锅问到底"；不呆板地模仿他人，而是自己提出想法，善于动脑，很少受思维定式的影响；有独立从事创造性活动的勇气和方法；个人的见解具有新颖的特点，显示出求异思维的倾向；对新问题、新认识敏感、容易接受；具有丰富的想象力。这些都是孩子创造力的体现。

在日常生活中，细心的父母会发现：有时孩子会拿着一支笔给布娃娃打针；在玩积木的时候，总是能够设计出你意想不到的形状；等等。这些创新都是从生活中受到启发而形成的，如果孩子在生活中处处受到限制，就难以进行创造性活动。

可见，发展儿童创造力的重点是向孩子提供丰富的生活内容和自由宽松的生活环境，让孩子发挥主动性与积极性，培养创造的欲望、创造的兴趣和创造的能力。保护并且发展孩子的创造力，是培养并造就创造型人才的第一步。

家庭作为孩子教育的主要场所之一，是创造力培养的摇篮。父母作为孩子的第一任老师，对孩子创造力的培养起着重要作用。在生活中，只要父母做有心人，创造不仅能够让孩子的生活变得更加美好，还会让孩子更有动力学习新知识。

是谁扼杀了孩子的创造力

每个孩子都是天才，都具备非凡的创造力潜能。如果父母能够正确地引导，会给孩子的创造力发展带来无限可能。然而，实际情况是，大多数孩子的创造力都被扼杀在摇篮里，这与当下的教育理念息息相关。一般而言，主要体现在以下几个方面：

1. 大脑思维标准化

思维标准化是扼杀孩子创新思维的首要因素。主要表现在思维功能固着、权威迷信、思维惰性这几个方面。这与当下只注重结果的教育存在很大的关系，尤其是以考试为目的的标准化答案。这里我们可以举一个例子来说明：

一天夜里，父亲带着儿子散步，儿子忽然指着天空中的月亮问："那是灯吗？"父亲回答说："那不是灯，是月亮。"但儿子坚称月亮就是灯。父亲觉得儿子很愚蠢，但仔细一想，又觉得月亮确实有照明的功能。

在这个案例中，月亮不是灯，这就是标准的答案；月亮是灯，那是创造性思维。很多时候，我们都是以标准答案来教育孩子。久而久之，孩子的创造性思维就被扼杀了，对于遇到的问题也只是以标准答案作答。

2. 知识缺乏活力化

知识缺乏活力化，是指孩子不能主动地、有效地将所学的知识运用到生活实践中去，缺乏学以致用的愿望与实践。这容易导致孩子对于知识的获取"只见树木不见森林"。

另外，知识学得少用得多，和学得多用得少有很大的差别。当下，大部分孩子在学习知识时，就是学得多用得少，或学而无用！其实，如何让孩子的所学充分发挥出来，也是孩子提高创造力的关键因素之一。

具体来说，知识的活力化就是要有学习的觉悟，如果缺少觉悟，孩子的学习永远是被动的，一旦拥有了觉悟，学习知识就会变得主动起来，也能更早实现其价值。知识的学习应该让孩子变得越来越自信，越来越主动，而不是越来越自卑，越来越被动。

3. 发散思维受到阻碍

心理学认为，聚合思维以逻辑思维为基础，强调事物之间的相互关系，试图形成理解外界事物的种种模式，追求问题解决的唯一正确的答案；而发散思维则以形象思维为基础，不强调事物之间的相互关系，也不追求问题解决的唯一正确答案，它试图就同一问题沿不同角度思考，提出不同的答案。

换言之，聚合思维就是逻辑思维，而发散思维就是想象力。例如，在聚合思维中，1加1只能等于2；但在发散思维中1加1可以有多种答案，如等于3（如夫妻结婚生子），等于1（如一滴水融入另一滴水），等于0（如闹矛盾的两个人，力量不如一个人），这些都是发散思维或想象力的表现。

因此，注重孩子聚合思维与发散思维同步发展，才能促进孩子的创新能力。然而，大多数孩子聚合思维的发展都是以牺牲发散思维为代价的。这使得孩子在思考问题时，一切从简单、容易入手，对事物形成了心理定式。尤其是在孩子的思维训练中，缺乏聚合思维和发散思维的互补，便无法使创新思维得到发展。

4. 创造力认知非凡化

创造力认知非凡化，是阻碍孩子创造力发展的重要因素。很多父母对创造力的认识一向受到"非凡论"观点的影响，即将创造力与科学技术的重大突破和发明联系起来，认为创造力是少数天才独有的品质，是特殊能力的表现。

其实，这种认识是极其错误的。如果这样看待创造力，那么，是不是普通人就可以忽视创造力了？因为大多数孩子的创造力永远也不可能达到牛顿、爱迪生、爱因斯坦这些人的水准。所以，父母能否正确地看待创造力，是培养孩子创造性思维的关键因素之一。

父母只有走出创造力认知的"非凡论"误区，把创造力看得普通化一点，将创造力与日常生活联系起来，把创造力当作与生俱来的能力，然后对其不断加以开发和利用，才能使孩子缺乏创造力的状态得到改观。

想象力促进儿童思维多元化发展

学龄期儿童的思维正处于多元化发展的阶段，这个阶段培养孩子的想象力尤为重要。不过，目前大多数教师或是父母只注重对孩子逻辑思维能力和记忆力的培养，因为前者有利于孩子学习数学知识；后者则能够在考试中发挥重要作用。

实际上，这种做法是非常片面的，培养孩子的想象力不仅和逻辑思维能力、记忆力息息相关，而且能极大地促进两者的发展。瑞士儿童心理学家让·皮亚杰指出："儿童的幻想与想象力的游戏对他们的认知发展而言是必不可少的。"

在当下，无论是教师还是父母，都把大部分时间花在了指导孩子如何考试上，而没有时间指导孩子的其他方面，这种过分强调知识而忽视其他方面的教育方式，后果只能是让孩子缺乏想象力。不过，所幸的是，越来越多的父母开始强调对孩子创造性思维的培养，而不再一味地要求死记硬背，即单纯地记忆知识。

对孩子而言，想象力的重要性不言而喻。就如作家尼尔·盖曼说的那样："在现实面前，我们需要想象！"就像我们需要学会理性思考一样，我们同样也需要学会想象。当然，丰富的想象力不是与生俱来的，而是需要在儿童阶段进行全面的培养。

例如，当孩子看见一座山时，回到家以后要在脑海中重新创造一个山的形象，这两者之间就有一个显著的发展差异，还有一个显著的差异存在于凭空想象一座山和想象正在爬山的情景这两者之间。

现在来体验一下，闭上双眼，在大脑中想象一座山，想象正在爬这座山，然后渐渐地爬上山顶，并为登顶欢呼雀跃。然后，睁开眼，其实你就待在房间里。事实证明，我们不需要亲自爬过山才能想象这种感觉，无论是否真的爬过山，这种想象中的爬山都是一种很真切的体验。

所以，一个孩子想象力的发展需要充分培养其视觉和空间的感知技能，就如同想象爬山一样。而孩子的视觉和空间感知能力，基本是在学龄期阶段培养起来的。孩子的想象力在下述两个阶段发展得比较快：

（1）5～7岁是儿童的"认知转化"阶段。在这个年龄段，儿童的心智能力有一个飞跃式的发展。他们开始进行三维立体想象，这些影像在他们脑海中转来转去；他们开始能够在脑海中想象自己是什么样子的，并比之前更加有效地记忆事情。这个阶段的孩子甚至可以思考新的可能性、新的方法去寻求答案，通过新的途径去评价自己。

（2）8～11岁是儿童逻辑思维能力发展较快的阶段，而这一发展阶段很大程度上得益于迅速发展的想象力。不过，不同发展阶段存在不同的差异，比如说六年级的孩子和二年级的孩子相比就有很大的不同。

总的来说，思维想象的复杂性和年龄成正比。想象力和孩子的其他能力一样，都是不断发展的心智能力，而学龄期正是大部分能力得到发展的时期。因此，父母要通过不同的活动来培养孩子的这些能力。如果厚此薄彼，必将制约孩子智力的发展。

丰富想象力，推动儿童智力发展

儿童时期，孩子不仅身高体重增长迅速，心理活动也不断丰富。12岁的孩子大脑重量已经达到1400克左右，与成人的大脑重量相当，大脑的发育接近完善。所以说，儿童时期是孩子智力开发的最佳时期。想象力作为智力的一个重要方面，是不可忽视的。

一般来说，人的大脑分为感觉区、贮存区、判断区及想象区四个功能部位。前三个区日常使用较多，得到了很好的开发，而想象区仅使用了15%，开发潜力比较大。人的认知、情感、意志等心理过程都离不开想象，在儿童期培养孩子丰富的想象力，能够有力地推动智力发展。

1. 促使孩子认知事物，学习知识

人通过感觉器官感知事物，并在大脑中反映出事物的形象，这种形象保留在大脑中就是表象。表象包含了对事物的感性认识，其通过加工改造进而成为想象。所以，孩子在认知一件事物的时候，要经过由表象到想象的过程，并通过想象更深刻地认识事物。

比如，孩子在听故事时，如果不能通过想象在头脑中呈现出一定的场景和人物的连续活动，或者在阅读的时候不能通过想象形成相应的意境，那么，就很难领会其中所蕴含的道理和意思。又如，让孩子画一座房子，需要有空间想象，让孩子明白皮球为什么会落到地上，就必须有"力"的想象。可以说，掌握任何知识都必须具有一定的想象力。

2. 让孩子感知未来，规划未来

教育主要是为了孩子的未来，想象力的培养能很好地提升孩子对未来规划和预测的能力。我们知道，无论是对未来的规划还是预测，都必须从实际出发。但由于这些规划和目标都是不存在的，所以只能凭借想象来确定。丰富的想象力能更好地让孩子设计未来之路。

这里举个例子，比如孩子用积木搭建房子，就需要发挥大脑的想象力。首先，需要计划的工作程序一定是先准备材料，然后动手。由于孩子缺乏经验，事先考虑得不仔细，可能中途停下来边想边干，甚至推倒重来，在大脑中重新设想构建房子。

在搭建房子的过程中，孩子的想象同其他心理活动密切配合，一直在交错活跃地进行着。正是有着丰富的想象，孩子才能对构建房子做出正确的规划并最终取得成功。

3. 进行文艺活动和发明创造

从孩子们喜闻乐见的《米老鼠和唐老鸭》《西游记》《乌托邦》等中外名著，到林林总总的音乐、绘画、雕塑作品，以及各个领域数不尽的发明创造，都是借助丰富奇妙的想象力得以实现的。

孩子们在进行绘画、写作等文艺活动或发明创造时，都需要丰富的想象力。例如，有时候，孩子会根据自己的想象描绘出一幅连大人都看不太懂的作品，这就是丰富想象力的体现。一个想象力匮乏的孩子是难以创造出优秀作品的。

培养儿童想象力，父母有妙招

哲学家狄德罗说："想象，这是一种特质。没有它，既不能成为诗人，也不能成为哲学家、有思想的人、一个有理性的生物、一个真正的人。"想象力是儿童不可缺少的一种智能，为了让孩子成才，培养儿童的想象力是非常必要的。父母需要从多方面长期、耐心地进行，并且采取正确、有效的方法。

1. 充分抓住孩子的思维个性

认识来源于实践。一方面，儿童阶段的孩子求知欲比较强，父母应该抓住孩子的这一特点，扩展孩子的视野，增加实践机会，以丰富孩子的感性知识，让孩子头脑中尽可能多地储备表象。因为表象是进行想象必须具备的基本材料，表象的数量越多、质量越高，想象的内容越正确、越丰富。

另一个方面，儿童阶段的孩子思想比较活跃，这为孩子想象力的培养提供了条件。父母应该采取多种方法有计划、有步骤地进行训练。例如，指导孩子画想象画，描述所背诗歌的内容，给故事添加情节或编写不同的结局；参与"小小发明家"活动；进行一些文章的改写或写作文；等等。

这都是锻炼想象力的有效办法。

此外，还可以结合自然、历史、地理等常识教学及手工课，培养和发展孩子的想象力。

2. 发展语言能力，推动想象力发展

语言是孩子重要的思维工具，在儿童时期发展孩子的语言能力，对提高其想象力在内的多种智力因素有很大的帮助。儿童从观察、实践中获得表象，在词语的帮助下才能在头脑中巩固下来；词语能使表象客观化，实现交流，也能唤起表象在头脑中重现。例如，让孩子去商店买盐，孩子顺利地买回来。在这个过程中，孩子有一系列的心理活动，"商店""买""盐"等词语使孩子头脑中呈现出相应的表象，然后通过思维理解大人的要求，才完成了这件事。

另外，让孩子掌握更多的词语，能使他们已有的表象更完善、更固定和更正确，而且能让他们对有共同点的表象区分得更确切、更细致。例如，孩子认识一种颜色后，当见识了很多与此相似的颜色，就会对这种颜色产生更丰富和精确的认识。

总之，孩子在进行想象这种心理活动时，正是利用词语来提取、制约和改造表象，并利用语句来调动、选择和重组表象以创造出新的形象。可见，尽早发展儿童的语言能力，对提高儿童的想象力是十分有益的。

3. 引导好奇心，多进行实践

儿童时期的孩子正处在心理迅速发展的阶段，他们对所见事物感觉很新鲜，充满无限的好奇心，但他们的注意力和观察力不够专注。父母应及时给予指导，让孩子通过自己的各种感觉器官去体察和感知事物。这样有利于孩子对事物形成清晰、生动的表象，并促进良好心理习惯的养成。

　　具体的实施方法，父母可以让孩子把观察到的事物有选择地用笔画到纸上或口头描述出来，与孩子做一些游戏，让孩子多参加一些力所能及的劳动。有目的地利用这些机会扩大孩子的接触领域，让孩子获得更多的实践知识与技能，为发展想象力创造条件。

　　值得注意的是，儿童阶段的想象可能会不符合常理，父母要多给予鼓励和引导。即使孩子有莫名其妙或怪诞的想法，父母也不宜指责或批评。培养儿童的想象力需要长期的训练，父母应更耐心地进行启发和诱导。

在家庭教育中，培养儿童创造力

著名儿童教育家陈鹤琴先生说过："儿童本性中潜藏着强烈的创造欲望，只要我们在教育中注意引导，并放手让儿童实践探索，就会培养出创造力，使儿童最终成为出类拔萃、符合时代要求的人才。"

的确，从小培养孩子的创造力，对孩子未来的发展极为重要。孩子的思维由于没有受到条条框框的约束，所以往往比成人的思维更丰富、更大胆，这种思维一旦发展下去，就会成为一种创造的力量。

那么，在家庭教育中，父母如何才能培养出具有创造力的孩子呢？下面的方法或许值得父母们借鉴：

1. 满足孩子的好奇心，多让孩子接触新事物

好奇心是孩子获得知识的一个重要途径，如果孩子缺乏好奇心，对很多事物就没有接触的欲望；不与事物接触，对事物的性质和状况也就不了解。可以说，好奇心是激发创新的动力，是兴趣的先导。因此，父母要善于激发孩子的好奇心，因为好奇，孩子才会有兴趣去了解一件事情，并掌握更多的资料，从而创造出新的成果。

另外，创造一个新事物还需要想象，但人的想象不是凭空而来的，而是从丰富的生活实践中得来的。接触的事物多，大脑才能积累丰富的表象，大量的表象经过改造、调整，又产生新的表象，这个形象思维的过程就是创造。

所以，父母不仅要激发孩子的好奇心，还要通过各种活动，丰富孩子的生活，开阔孩子的视野，比如多带孩子到大自然中去，让孩子得以释放。孩子认识事物越多，想象的基础就越宽广，也就越有可能触发新的灵感，产生新的想法。

2. 与孩子进行游戏，激发其记忆力和想象力

良好的记忆力是孩子智力发展的基础，也是孩子创造力产生的基础，而想象力则是创造的翅膀。在日常的生活中，父母只要给予孩子充分想象的空间，尊重孩子的想象力，孩子就会创造出奇迹。那么，如何来激发孩子的想象力呢？

游戏是一个很好的方法，它是孩子最喜欢、最感兴趣的娱乐活动。如果父母把培养记忆力和想象力融于游戏中，让孩子在游戏中娱乐，在游戏中创造，取得的效果会更好。所以，在游戏中，父母应该给孩子提供鲜明、简单、直观的记忆材料，并与孩子的生活内容息息相关，以激发孩子的想象力。

3. 耐心对待孩子的提问，培养孩子的思维能力

思维能力是培养创造力的重要智力因素之一，培养孩子的思维能力有利于孩子学会动脑，快速地适应新情况，解决新问题。因此，父母要善于启发孩子进行积极思维，让孩子自己动脑思考，并运用已有的感性知识来解决问题。

一方面，孩子从会说话起，就喜欢向大人提问，而且经常提一些难以回答的问题，但无论如何，孩子都是渴求得到解答的。父母应该心平气和地、认真地对待。因为提问是一种思考和钻研，是孩子具有探索意识的表现。

另一方面，父母要善于为孩子创设问题和疑问，不要着急得到答案，而要和孩子一起查阅工具书与资料，这样既可激发孩子在学习上的探究心理，培养他们独立思考、独立解决问题的能力，也给了孩子学习的方法。只有当孩子通过自己的努力完成任务和解决问题，才会真正有效地锻炼和提高他们的思维能力。

所以，父母一方面要鼓励孩子创造性地提问，并给孩子科学的回答；另一方面对孩子的问题要有足够的耐心，让孩子在问题中训练思维能力。

4. 培养孩子创造性的个性品格

孩子的个性，是在一定的社会条件和教育影响下形成的，这也是每一个孩子的个性都不同的原因。所谓个性，就是一个人比较固定的态度和行为特性，主要表现在个人的世界观、人生观、意志、动机、兴趣和欲望等方面。

教育学家认为，创造能力与孩子的个性品格存在着一定的关系，不同的个性品格影响着创造成就。因此，培养具有创造意识和创造精神的个性品格是创造教育不可或缺的。

一般来说，好的创造力需要孩子具备这些个性品格：对各种事情表示好奇，并渴望了解它们；意志品质出众，具有冒险精神和锲而不舍的努力精神；兴趣广泛，善于从各种角度收集信息；能自觉而有独创性地学习等。这是孩子进发创造灵感的基础。

　　总之，为了培养儿童的创造力，父母要开展多种活动，满足孩子创造的欲望。不同的活动对孩子有不同的吸引力，对孩子创造力发展的作用也不同。丰富多彩的创造活动，能够保持孩子的兴趣，增强孩子的创造能力。

　　正如陶行知先生所说："处处是创造之地，天天是创造之时，人人是创造之人。"父母培养孩子的创造力，并非就是要让孩子达到科学或艺术的最高峰，而是让创造为孩子创造更加丰富多彩的生活。

儿童想象力与创造力训练营

○ 复杂的守卫路线：走对了吗

图中的A、B、C、D、E分别代表伦敦塔的5名守卫，每当日落的时候，A、B、C、D4名个守卫就会迅速走出A、B、C、D四个出口，鸣枪示意，唯有E从起点走到F点。

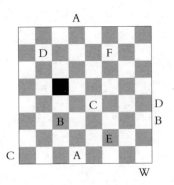

那么，如何让这5名守卫分别走5条不同的路线，并且每个人行走的路线都不交叉呢？下图中，已经标注了各个守卫及其需要通过的4道门的位置。

另一个问题是，每到午夜，1名守卫就会从图中的W入口处进入塔内，然后迈着庄严的步子走遍所有的64个房间，最后走到图中的黑色格子，你能找到最短的路线吗？

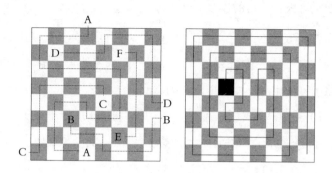

◯ 聪明的小明：鸡蛋是怎么带回家的

小明是一个篮球爱好者，几乎每天都会在学校的篮球场上练习打球。

一天，小明只穿着一条短裤，戴了一块手表，在球场上练习打球。这时，有一个朋友给他送来15枚鸡蛋，可是朋友发现没有袋子，又不好把自己的篮子一起给小明。

这下小明有点为难了，因为球场上没有任何可以用来装鸡蛋的东西，也找不到可以帮忙的人。正当无计可施的时候，小明突然想到了办法，最后，小明收起篮球，巧妙地将鸡蛋带回家了。

你知道他想了什么好办法吗？

答案 小明先把篮球的气放掉，然后把篮球弄成盆状，最后把鸡蛋放在里面。

○ 多变小钉板：神奇的连线

　　小钉板是帮助孩子学习和理解多边形面积关系的工具，在板上用线把各个钉子连起来，可以得到不同的多边形。请在下面的图中，将小钉板用线连成一个闭合的空间。

　　（1）三角形小钉板。在下图中，用尽可能多的钉子，连成一个闭合的，并且每个顶点都在钉子上的多边形，每个钉子只能使用一次。

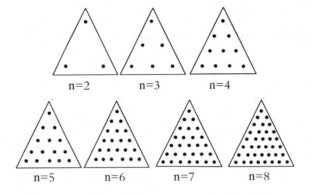

　　（2）正方形小钉板。在下图中，用线连成闭合的多边形，并且线与线之间不能平行，多边形的每个顶点必须在板上的钉子上，每个钉子只能使用一次。

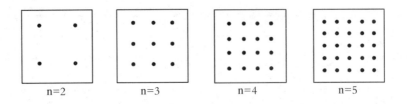

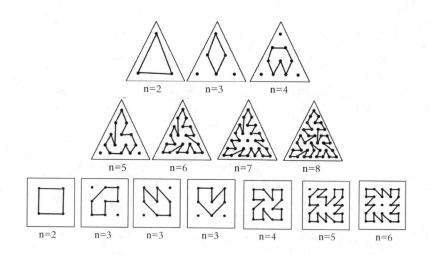

○ 过生日：巧切蛋糕

今天是梦洁的生日，一放学她就跑到蛋糕店，正好遇上了蛋糕店做活动，只见店门口围了很多人，店长高声吆喝着："今天本店优惠，谁能在只切3刀的前提下把这个大蛋糕分成8份，谁就可以免费得到本店的一个蛋糕！"

围在店门口的人你看看我，我看看你，没有一个人上前，甚至有人说这根本不可能，店长是故意刁难大家的。最后梦洁成功地拿到了免费的蛋糕。

你知道她是怎么做到的吗？

答案 这个问题很简单，只要先在蛋糕上横切一刀，然后竖切两刀，就变成8块了。大多数人只想到如何从上面切，最多只能切成7块。因此，很多时候，换一个角度想问题是很重要的。

○ 变灯字：一根火柴的威力

浩浩是个爱学习的孩子。这天，爸爸用火柴棒摆了一个"丁"字，浩浩一脸茫然。接下来，爸爸问："你能再用一根火柴，把它变成'灯'字吗？"浩浩思索了片刻，想出了一个好办法。你猜他会怎么做呢？

答案 把一根火柴点燃，放在"丁"字旁边，就变成"灯"字了。

○ 哥伦布立鸡蛋

哥伦布发现美洲新大陆后返回西班牙，国王为他举行了盛大的宴会。对此，很多贵族都心怀嫉妒，他们想当众给哥伦布难堪，于是七嘴八舌地挖苦哥伦布。

哥伦布听见贵族们的议论，顺手从桌上拿起一个熟鸡蛋，说："先生们，你们谁能让这个鸡蛋尖朝下竖立起来？"

贵族们纷纷试过之后，没有一个人能够成功。

哥伦布拿起鸡蛋，让尖端朝下，轻轻一戳，蛋壳打破了一点儿，稳稳当当地竖立起来了。

贵族们不服地说："你这是投机取巧，如果你能在不打破鸡蛋的前提下，把鸡蛋竖立起来，我们就真的佩服你。"

哥伦布仍然很轻松地做到了。你知道他是怎么做到的吗？

答案 如果一味地摆放鸡蛋，无论如何也是立不起来的，而如果发挥创造性的想象，让鸡蛋运动起来，就像旋转的陀螺一样，这个问题是不是就很容易解决了呢？

第十章

—·注重用脑健康·—
养成好头脑需劳逸结合

很多父母认为大脑越用越聪明，所以长时间对孩子进行脑力训练。
其实这样的做法是不合理的，因为如果连续用脑超过2个小时，
大脑就会开始反应迟钝；超过3个半小时，
就会出现头昏等不适症状。因此，父母在培养孩子的好头脑时，
要注意让孩子劳逸结合。

学会科学用脑，让孩子的头脑更灵活

大脑是神奇而又复杂的，它是孩子学习以及认识世界的最高指挥部。因此，如何科学使用大脑非常重要。虽然每一位父母都希望自己的孩子能有一个聪明的大脑，但大多数时候往往操之过急。那么，孩子究竟该如何科学地用脑呢？

1. 遵循大脑的生理节律

在进行脑力学习的时候，大脑神经需要进行旺盛的新陈代谢，然而时间一长，新陈代谢中消耗的营养物质和堆积的代谢废物就会越来越多，兴奋的神经就会转入抑制，出现头昏脑涨、注意力不集中、记忆力减退等现象。

另外，研究发现，连续用脑半个小时后，思维依然保持活跃，记忆力也强；连续用脑一个半小时，大脑也能处于正常的工作状态；但如果超过两个小时，大脑就开始反应迟钝；超过三个半小时，身体会感到不适，出现头痛、头昏等症状。

由此可见，孩子在学习用脑的时候，要张弛有度。这就好比一根皮筋，如果总是绷得太紧，就会失去弹性。而只有注意休息，才有利于大脑健康。

2. 学习要充分调动各个感官

研究发现，对于相同的学习内容，如果仅用视觉进行学习，接受率为20%，仅用听觉时接受率为15%，如果两者并用，接受率则能达到50%。

所以，孩子在学习的时候，要让多种感官参与其中，力求做到眼到、耳到、口到、手到、脑到，这样将看、听、读、写结合起来，把记忆内容通过与眼、耳、嘴、手连接的四条神经通路一遍又一遍地传到大脑神经，使大脑皮质的兴奋点加强，记忆就会更加深刻，学习的效果也会更好。

3. 利用最佳的用脑时间

大脑在使用的过程中，效率不是一直不变的。一般来说，在每天的学习过程中，各个阶段的效率是不同的，大多数孩子早上的记忆力比较好，思维活跃；到了下午两点时记忆力则会变差。也有的孩子晚上学习效率高，头脑最清醒。因此，每个孩子都应该根据自己的情况充分利于自己的最佳用脑时间，以便达到良好的学习效果。

4. 交换学习，焕发大脑生机

在学习的过程中，不要让大脑长时间集中在一件事情上。比如在解一道题目的时候，想了十几分钟也没有找到解题的方法，已经感到自己想不出来或累了。这时应该停下来，听听音乐，放松一下大脑，或许回过头来再看这道题时就想到解题的方法了。

可见，科学用脑是非常讲究的。其中最重要的就是学习的时候一定要遵循大脑活动的规律。在此基础上，再做到以上提到的几点，这样父母就不用再为孩子的用脑健康担忧了。

远离疲劳，时刻保持大脑清醒

对于正处于学习阶段的孩子来说，长时间地用脑过度极易造成大脑疲劳，如果不注意缓解，很可能会导致失眠甚至神经衰弱。学龄期的孩子通常会出现大脑疲劳的现象。比如孩子出现不注意听讲、反应慢、疲劳困倦、情绪不稳定等现象时，就很有可能是大脑疲劳了。那么，父母应该如何让孩子远离疲劳，保持大脑的清醒状态呢？

1. 培养孩子对学习的兴趣

孩子学习效率的高低，关键在于能否使大脑细胞处于兴奋状态。如果孩子对学习不感兴趣，却强迫孩子学习，大脑皮层的有关区域往往会呈现抑制状态，这时就会出现视而不见、充耳不闻的情况。

父母要让兴趣成为孩子最好的老师，因为唯有对学习的内容感兴趣才会更主动去学习，并在学习的过程中让大脑处于活跃的状态。兴趣能够帮助孩子在学习的过程中产生良好的情绪，从而增加学习的热情。

2．合理安排学习任务

父母要对孩子的学习能力有一个基本的认识，根据孩子的学习能力，为孩子安排适当的学习任务，既不能太轻，也不能太重。如果太轻，学习的过程就会变得懒散，容易引起大脑周期疲劳；任务太重则会在很短的时间内加重大脑的负担，让孩子总是处于紧张的状态之下，从而造成大脑疲劳。

当然，可以每次为孩子的学习任务增加一点难度，这样能够激发孩子学习的兴趣，从而产生积极的情绪，使大脑兴奋。有些父母认为预防大脑疲劳和勤奋学习是矛盾的，如果要勤奋学习，大脑就会产生疲劳。其实这种看法是错误的，只要能够处理好休息与工作之间的关系，使科学用脑与勤奋学习两者相结合，这种情况是不会发生的。

3．学习内容互相交替

哲学家、文学家卢梭是这样防止大脑疲劳的：合理安排时间，尽量不在一件事情上纠结。他说："如果我连续研究几个不同的问题，即使毫不间断，我也能轻松愉快地一个一个地寻思下去。"这是因为一个问题往往可以消除另一个问题所带来的疲劳。

其实，在我们的大脑皮层中，各个区域经常交替工作，比如当进行某项学习任务的时候，相应部分的脑细胞就会处于兴奋状态，而其他部分的脑细胞则会处于抑制状态，这样就能够避免某一区域的脑细胞疲劳。所以，在学习的过程中将不同性质的学习内容相互交替，就能让大脑长时间保持一个清醒的状态。

4．让孩子坚持体育锻炼

生命在于运动，大脑的灵活运转也离不开体育锻炼。学习应与学习中的活动、体育锻炼相配合。学习中的活动与体育锻炼都有利于提高大脑皮层对刺激的分析判断能力，使脑皮层对内脏器官和肌肉的控制能力加强，促进血液循环，提高机体的新陈代谢，增强体质，提高大脑反应的灵敏度。

体育锻炼的方式有很多，父母应该根据孩子自身的条件选择合适的运动项目和强度。让孩子坚持每天锻炼1个小时，热爱一项体育运动，这样孩子的大脑就会更加灵敏。

5. 保持规律的生活作息

规律的生活及充足的睡眠是保护大脑功能的一项重要措施。预防大脑疲劳不仅要变换活动的方式，还要保证充足的睡眠时间，因为睡眠是休息最基本、最重要的形式，是保护大脑的重要条件，也是大脑皮层保护性抑制特点的需要。

生理学研究表明，与浅睡8小时相比，熟睡6小时的效果更好。所以，为了让孩子拥有更好的睡眠，睡前要让孩子有一个良好的入睡状态，比如不喝浓茶、咖啡等刺激性的饮料，不看过于刺激的影视节目，以免使大脑过于兴奋。早睡早起，更有利于大脑的健康。

合理摄入营养素，为大脑提供能量

　　学龄前的孩子每天都需要学习大量知识，繁重的脑力劳动往往会让大脑不堪重负，出现倦怠、反应迟钝甚至神经衰弱等现象。所以补脑、健脑就显得非常重要。

　　补脑的方法有很多，饮食调节就是其中之一。因为大脑是由营养物质构成的，无论是大脑的智力活动，还是大脑的代谢更新，都离不开营养素。所以，在日常生活中，孩子的饮食要注重补充以下营养素：

1. 脂肪

　　脂肪是脑细胞所必需的营养物质，大脑的成分中50%～60%是由脂肪组成的。所以平时一定要注意脂肪量的供给，既要吃一些植物脂肪，也要吃一些动物脂肪，尤其要多吃一些富含磷脂的食物。

　　含有健脑作用的脂肪食物有：鸽子、鸡、鸭、鹅、鹌鹑和它们下的蛋，非养殖的水产品及鱼类，以及芝麻、核桃仁、榛子、松子、花生米、葵花子、桃仁、腰果等。

2. 蛋白质

蛋白质是脑细胞的主要成分之一，大脑的成分中30%～35%是由蛋白质组成的。其能控制脑神经细胞的兴奋与抑制，帮助思考与记忆，主宰智能活动。另外，在神经传导、运动、语言等方面也起着重要的作用。

含有健脑作用的蛋白质食物有：黄鱼、带鱼、鲜贝、牡蛎、蛤蜊等非养殖的鱼、虾、贝类；在自然条件下饲养的动物肉类，如牛羊肉、鸡肉、鸽肉等；植物蛋白如花生、芝麻、核桃及豆制品，如豆腐脑、豆腐、豆浆等。

3. 碳水化合物

碳水化合物也被称为糖分，是热量的能源，也是大脑活动的能源及燃料。通常人们会从食物中摄取糖分，糖分进入体内后会分解为半乳糖、果糖、葡萄糖，然后被身体吸收，通过血液输送葡萄糖到达身体各部位，为活动提供能源。其中，大脑消耗的能源占全身总数的20%。不过，当食物中获得了足够糖分后就不宜再补充，过多的糖分会让大脑进入疲劳状态。

含有健脑作用的碳水化合物食物有：谷物，如水稻、小麦、玉米、大麦、燕麦、高粱等；水果，如甘蔗、甜瓜、西瓜、香蕉、葡萄等；干果类、干豆类、根茎蔬菜类，如胡萝卜、番薯等。

4. 维生素

维生素包含的种类比较多，是促进孩子大脑健康发育不可或缺的营养素之一。以下几类维生素对孩子的大脑发育能起到很好的效果：

B族维生素（包括维生素B_1、维生素B_2、烟酸、维生素B_6、维生素B_{12}等）能够帮助蛋白质进行代谢，从而增强脑功能。粮食是B族维生素的最好来源，也可摄入一些B族维生素补充剂。

维生素C能促进脑细胞结构坚固，消除脑细胞结构的松弛或紧缩，增强脑细胞内神经血管的通透性。维生素C在脑内能使脑细胞敏锐地发挥功能，使大脑机敏灵活。各种蔬菜和水果等都含有大量维生素C。

维生素E有较强的抗氧化作用，能够防止脑内产生过氧化脂质，预防脑疲劳，延缓脑的衰老。小麦、植物油、粗米、粗面、玉米、花生、大豆、菠菜、芹菜等食物中都含有大量维生素E。

5. 矿物质

矿物质是构成人体组织和维持正常生理功能所必需的元素。不过，矿物质摄入要适量，过高会引起机体中毒，过低又会明显地降低孩子的智力。在所有矿物质中，钙对孩子来说，应该是影响最大的。

钙不仅会影响孩子骨骼的生长发育，还可以抑制脑神经细胞的异常兴奋，使大脑保持正常的状态。脑组织中的钙元素含量会直接影响孩子的脑功能，如果大脑中的钙充足，那么脑细胞就能够正常运行，即使遇到一些复杂的情况或是精神刺激，也能较为冷静地对待。

另外，大脑内钙的含量还与人的记忆力和注意力密切相关，比如有的孩子往往有记忆力较差、注意力不集中、学习效率不高、易疲惫等表现，这些通常都是缺钙引起的。

除了钙以外，镁、磷、铁、铜、锌等都会对大脑功能产生重要的影响。如果缺乏这些矿物质，就会使大脑的运转速度降低，反应也随之变得迟钝，智力明显下降。

总之，孩子大脑的发育离不开营养物质的摄入，不仅要摄入含有不同营养成分的食物，还要进行合理的搭配，从而使孩子的大脑功能增强，记忆力及灵敏度变强。

充足的睡眠为大脑健康保驾护航

我们知道，人的一生中大约有三分之一的时间都是在睡眠中度过的，睡眠是人的一种生理需要，如果不能满足这种需求，往往会给身体健康带来很大的危害。因此，是否拥有良好的睡眠对于孩子身体的成长、大脑的发育等有着重要的影响。

从生理上来说，睡眠是大脑皮质细胞积极的抑制过程。当大脑皮质细胞发生衰竭的时候，大脑的一些神经中枢会提出预告，于是人体会感到困倦。衰竭程度越来越重的时候，困倦就会越来越强，等到大脑皮质细胞的这种扩散到了特定程度的时候，人就会入睡。这个时候，大脑皮质下层的一些细胞依然发挥着作用，以此来维持代谢、心脏跳动、呼吸等生理活动。

如果孩子经常睡眠不足，就容易导致神经衰弱、情绪低落、焦虑紧张、近视、肥胖、食欲下降、身体瘦弱等症状的出现，而且学习时往往不能集中注意力，从而导致记忆力减退，思维迟钝。

所以说，良好的睡眠对孩子有很多好处，比如睡眠有促进孩子生长发育的作用。人的脑垂体前叶所分泌的生长激素，与人体的生长发育关系最为密切。它直接作用于机体的组织细胞，促进机体生长，比如加速软骨和骨的生长，使人长高。而生长激素主要是在夜间睡眠中分泌的，白天则分泌得很少，另外，在睡眠中，还能合成身体所需的各种营养素，所以充足的睡眠才能保证孩子健康成长。

　　并不是说睡眠时间够了就是良好的睡眠，其实睡眠质量的好坏更加重要。足够而良好、有规律的睡眠能防止神志不清、情绪消沉及注意力涣散等心理失常现象的发生，也有利于避免出现记忆力衰退的情况。为了使睡眠的质量得到保证，不仅要按照"日出而作，日落而息"的习惯按时睡觉，还要对孩子的睡眠环境进行观察，如室内温度、光线、室内卫生情况、空气流动情况以及床铺情况等，以此为孩子营造一个适合睡眠的环境。

　　孩子在经过一天紧张的学习后，身体和大脑需要休息。大脑在学习的时候，需要某种氮化合物，只有在黑夜睡眠状态下，大脑才能制造大量的氮化合物，为醒来做好准备。从这个意义上来讲，睡眠对于大脑来说除了是一种休息以外，还是人体的一种生理需要。

　　研究发现，在学习后马上入睡，有助于增强记忆。这是因为在睡眠期间，进入大脑的外界干扰和刺激明显减少，从而能够在很短的时间内将原来记忆的知识保存下来。所以，在晚上临睡之前，可以将白天所学到的知识进行概括性回忆，对重点或较难记忆的知识可以多回忆几次，之后再尽快入睡，第二天早晨醒来的时候再回忆一次，这样有利于加深记忆。

　　另外，熬夜学习对孩子来说是非常不利的。疲劳的时候大脑细胞的活动能力也会降低，学习效率并不高。事实证明，熬夜学习的孩子并不一定能够取得好成绩。因此，与其让孩子疲倦不堪，不如让孩子第二天以饱满的精神去学习。

多运动，大脑才能健康发展

锻炼身体不仅仅能够增强体质，科学研究还发现，经常运动对大脑也有益处。比如，锻炼可以改善大脑部位的血液循环，还能加快新陈代谢的速度，降低压力，有利于孩子集中注意力，让大脑更好地学习。

运动一方面能够为大脑提供更多的氧气，从而提高大脑功能，让学习变得更轻松。美国哈佛医学院心理学教授拉特伊博士表示："身体锻炼能够在很多方面让孩子的大脑处于学习的最佳状态，使得大脑细胞变得更有柔韧性，同时使得细胞相互之间的联系更加紧密。而正是大脑细胞之间的联系使得我们能够很快掌握新信息。"

另一方面，体育锻炼还能够促进脑细胞的再生。孩子正处于大脑发育的时候，运动可以更好地促进脑发育，即便是在成年以后大脑细胞也会再生。通过锻炼就可以促进脑细胞的生长。比如孩子在课间做广播体操，一是为了锻炼身体，二是为了促进大脑发育。

再者，运动有利于防止大脑功能的退化。人的大脑大约有1000亿个神经元，进入成年阶段以后神经元细胞依然会产生并发生变化。坚持运动，可以促进脑组织内神经生长因子的分泌，有利于缓解焦虑、抑郁等症状。

其实，运动之所以能够提高大脑的功能，是因为脑组织和其他器官不同，它没有能源储存设备，所以要想持续学习，就需要源源不断的葡萄糖和氧气，然后氧和葡萄糖通过血液循环进入大脑。通常来说，增加大脑的血流量就能提高大脑功能，而运动正好可以实现这一目的。

经常用脑的孩子比一般人更需要氧和葡萄糖，所以应该积极参加一些体育运动，以提高大脑的工作效率。研究表明，经常进行适量的、有规律的运动，大脑中的海马体就会产生更多的细胞，孩子的思维、反应及感觉就会变得更加灵敏。

那么，对于孩子来说，应该做哪些有益于大脑健康的运动呢？

一些规律的有氧运动是很不错的选择。比如游泳、慢跑、快走等。这些运动不仅能够缓解身体的疲劳，使人保持平和、愉悦的心情，还能使孩子的大脑得到很好的锻炼。研究表明，如果每周坚持4次，每次做30～40分钟的有氧运动，4个月以后，以前从不参加体育锻炼的孩子入睡的时间会缩短一半，总的睡眠时间会延长1个小时，从而使大脑得到更好的休息。

另外，坚持有规律的有氧运动还可以提高脑部与注意力、记忆力等认知功能有关的化学物质水平，从而提高自身的认知能力，使孩子从容面对学习，并时常迸发灵感。

除有氧运动外，经常做一些具有一定技巧性的复杂运动，比如舞蹈、球类等，也是对大脑控制力的一种锻炼。比如打篮球，在运球、传球的时候需要眼观六路，并及时根据场上形势做出判断，眼、心、手要协调一致，除了要舞动身体以外，还要将自己的情绪融入进去，一个表情、一个眼神都要配合到位。

虽然运动有诸多好处，但是运动要适量，因为一旦运动过量，人体就会消耗大量的能量，可能会出现大脑反应迟钝、浑身无力、极度疲劳的情况。如果长期进行过量的运动，还可能会损伤大脑的机能，出现失眠、健忘、注意力不集中等症状，从而影响孩子的大脑健康。

夏令营活动，孩子的脑力训练营

英国的一项研究表明，不喜欢和不参加体育活动的孩子在学习的过程中经常会遇到"瓶颈效应"，即学习达到一定水平后就再也难以提高的现象。而解决这一问题的方法很简单，即参加体育活动！因为体育运动能够提升大脑的智力，帮助孩子解决生活、学习上的一些困难。

夏令营是一项十分有益的体育活动，作为一个特殊的环境，这里可能没有家中生活得舒适，但是可以学习更多知识，比如学习不同的科普知识、人文知识，还可以拓宽孩子的知识面，从而提高孩子的智力。总的来说，让孩子参加夏令营有以下益处：

1. 培养孩子的交际能力

良好的人际交往能力是现代社会对人的一个重要的素养要求，而参加各种形式的夏令营恰恰可以弥补孩子这方面的不足。孩子们来自于不同的地方，彼此之间是陌生的。同在一个夏令营，过着相同的生活。孩子们通过沟通交流，从相见到相识、相知，增进了彼此之间的认识与了解。这大大提高了他们的人际交往能力。

2. 有利于孩子心理的健康发展

参加夏令营会让孩子充满激情，孩子经过一番磨炼后，可以提高自信心，对未来充满希望。在夏令营中，孩子会遇到很多困难，这有助于培养吃苦耐劳的品质，使孩子不断挑战自我，培养克服困难的勇气。有些困难一个人解决不了，唯有通过合作才能解决问题，这样便锻炼了合作精神。通过夏令营的生活，还能让孩子意识到，每一个成员都应该热爱集体。

3. 增强团队精神和意识

夏令营代表的是一个团队，有时孩子们之间只有齐心协力才能完成给定的任务。夏令营会举办各种有趣的活动、比赛，有的只能团队参加，这是对团队意识的一种培养与考验。并且大多数活动是益智的，所以在这个过程中，孩子各方面的能力都会有所提高。

4. 培养良好的生活习惯

夏令营活动能够让孩子养成良好的生活习惯，培养良好的生活自理能力。在此期间，按时作息，到了起床的时间就起床，能够改掉睡懒觉的坏习惯；该休息的时候就马上休息，不会因为孩子意犹未尽地聊天而影响到别人休息。同时，要自己洗衣服、做饭以及携带自己的夏令营用品等，这些良好的生活习惯都有着健脑益智的作用。

听听音乐，释放学习给大脑带来的压力

音乐可以陶冶情操，让孩子获得美的享受，常听音乐还有益于大脑健康。著名科学家爱因斯坦曾说："我们许多科学成就就是音乐启发的。"中国明代医学家张景岳对此也有认识，他说音乐具有"能神明"的作用，"神明"指的就是大脑。

其实，人从小就开始对音乐感兴趣。婴孩在出生后三四周时就会对音乐产生反应；待到4个月大的时候，就会对拍打手鼓发出的声响等一些有节奏的声音产生兴趣；等到1岁半时，就已经可以自发地哼唱不成调的"歌曲"；2周岁的时候，就可以"正正经经"地唱几句歌曲，而且节奏反应十分明显；3周岁的时候可以将旋律记忆下来，能成段、成首地唱歌；4周岁的时候，就已经可以在玩游戏的时候唱歌，这时的音调已经相当准确了。

可以说，一个人在认识周边世界时最开始使用的器官便是耳朵，它也是使用频率最高的一个器官。一个人用最不带成见、最纯真的听觉来感受世界上所有的声音，而音乐则是形式完美、内容丰富的音响组合。

人的大脑分为左右脑，其分工不同，左脑主管分析思维，右脑主管形象思维。人在听音乐的时候，右脑会产生音乐形象，而左脑犹如在读乐

谱，是对知识进行分析、整理的过程。我们往往有这样的经验，谱上曲子的儿歌与只念词的儿歌，前者记忆起来要更加容易。这是由于音乐、语言是由右脑、左脑分管的，"唱"的歌既有词也有曲，可以同时作用于两侧大脑，如此便可全面、合理地使用两侧大脑的功能，从而大大提高了思维和记忆能力。

所以，经常让孩子听听音乐可以健脑益智。

1. 有利于增强记忆力

演奏或欣赏乐曲，可以增强孩子的情绪体验，锻炼孩子听觉记忆和视觉记忆，同时音乐可以使孩子的神经、精神系统的功能得到强化。经常参加音乐活动的孩子，除了记忆力比较强之外，记忆的准确性、敏捷性、持久性也好过那些不喜欢音乐的孩子。而且，演奏乐器或唱歌，能进一步提高大脑处理信息的能力。还有研究表明，听某些特定的音乐能够勾起孩子对往事的回忆，从而促进记忆力的发展。

2. 有利于缓解大脑疲劳

轻松的音乐能够减轻交感神经的张力，减轻焦虑，让人放松。研究人员发现，在睡前听四、五分钟轻松的音乐，大脑会十分放松，能够拥有更好的睡眠。

3. 有利于加强注意力

注意力可以说是智力活动的组织者，也是智力活动的维护者，就像警卫一样，它可以捕捉信息，还可以"聚精会神"，将思维的焦点集中起来。而在演奏或欣赏乐曲时，一定要集中注意力，经过长期的音乐实践，自身的注意力势必会增强。

4. 促进学习能力的发展

佛蒙特大学医学院儿童精神病学研究团队发现，音乐训练对儿童在集中注意力、减少焦虑等方面帮助很大。比如，会拉小提琴或者会弹钢琴的孩子，比只听莫扎特的音乐的孩子学习能力强并且学得更多。

5. 培养抽象思维能力

音乐形象是一种比较抽象的艺术形式，没有具体的形态、颜色等外观形象，理解的唯一方式便是思维。乐曲、节奏、音律结构的逻辑性很强，可以与数学的高度逻辑性相提并论。所以，经常演奏和欣赏音乐，有利于启发智慧，加强孩子的概括能力和理解能力。

随着科学的进步，人们越来越注重开发智力。美妙的音乐对人是一种良性刺激，能对整个中枢神经系统产生作用，让孩子适当听些节奏舒缓、音色优美、悦耳动听的音乐，可以健脑益智，改善孩子的记忆力。

陪孩子下棋，益智又健脑

下棋是一种集趣味性、竞技性、知识性和科学性于一体的文体活动，广受人们的喜爱。有研究表明，下棋这项活动可以锻炼人的大脑，对人的视觉记忆力和空间推理能力都有促进作用。

下棋的竞争性和趣味性比较强，棋盘的形势瞬息万变。下棋的双方都想取得最后的胜利，但是要想取胜，就得每一步都考虑周全，要走一步看三步。只有看得远，才能防止掉入对方的陷阱，才能打败对方。因此，下棋是锻炼孩子大脑智力的很好的益智游戏。

1. 锻炼注意力

下棋的时候，要求全神贯注，平心静气，摒去一切杂念。如果注意力不集中，往往会陷入对方的陷阱，从而输掉棋局。一些孩子为了打败对手，往往会努力克制自己，让自己集中精神去应对每一盘棋局。

2. 锻炼判断及决断能力

棋局就是这样，往往一步走错，满盘皆输，同时棋局变化莫测，机会稍纵即逝。只有合理地判断，才能走好每一步棋，唯有抓住机会，才可能在逆境中求生。

3. 培养独立思考的能力

对阵双方是在平等的情况下调兵遣将并逐鹿沙场的。在这个过程中，双方通过发挥主观能动性，独自进行判断、计算、推理和决策。以围棋为例，它需要我们将分析能力、默记能力、计算能力和战略战术糅合在一起，有利于开发大脑的潜力。

虽然下棋能够锻炼孩子的大脑智力，但是也要注意一些事项，让孩子做一个合格的棋手。

1. 下棋一定要适度

喜欢下棋的孩子往往都有瘾，甚至到了痴迷的程度，这样就会导致耗神过度，身体疲乏，影响身体健康。所以，一定要限制孩子的下棋时间，对弈时间最好不要超过两个小时。

2. 正确看待胜负

有些孩子好胜心强，过于看重胜负。获胜的时候可能会狂妄自大，沾沾自喜；而失败时则心怀不服，并对此耿耿于怀。长此以往，不利于孩子形成健康的人格。一盘棋局自然有胜有负，或打成平手，但是无论哪种情况，双方都要明白"胜败乃兵家常事"，要做到胜不骄傲，负不气馁，最重要的是能够从中吸取经验教训。

3. 注意脑力运动与体力运动相配合

下棋的时候大脑在活动，身体的其他部位却长时间不能得到活动。久坐伤肉，长期如此会导致食欲不振、消化不良，从而影响肌肉的发育。

通过练习书法训练好头脑

书法属于博大精深的中华文化，能够陶冶孩子的性情。练习书法时需要孩子十分专注，并需要手、眼睛和大脑之间的配合，所以练习书法有利于发展左右脑的功能，提高智力。经研究发现，学过书法的孩子，在接受能力、理解能力、创造性思维能力和想象力等方面要明显高于没学过书法的孩子。

书法看似十分简易，其实十分玄妙。通过学习书法，可以锻炼手、眼、脑的协调配合，锻炼孩子的注意力和观察力等。总的来说，孩子学习书法的好处主要体现在以下几点：

1. 培养观察能力

孩子在临摹字帖上的字时，首先要认真观察临摹的字的特点，看字的结构特征、笔法特征等，从而从整体上来感知该字体，这样可以培养孩子对事物的整体观察力。

另外，在书写的时候，只有对每一笔、每一画都认真观察，并感受笔画运行时的轻重缓急，才能写好每一笔，这可以培养局部观察的能力。

不同书法家书法作品中的每一点、每一画都富有变化，所以在学习书法的过程中要进行观察和比较，这可以培养孩子的对比观察能力。

2. 促进智力发育

学习书法主要是动手，尤其是训练手指、手腕和手臂的动作，而这些动作都是由大脑支配的，所以经常练习书法有益于孩子大脑的生长发育。适当练习书法，对提高智力、培养智商都是有好处的。

3. 促进手脑配合及大脑发展

练习书法时，需要手与脑之间的配合。手控制毛笔的能力是在学习书法时遇到的第一个难题，主要通过手的大、小肌肉来控制毛笔，使手指的发育变得协调。练习书法不仅能够发展手的肌肉功能，也可以发展大脑中枢动作思维。

在练习书法时，要完成各种写字的动作，如执笔的架势、写字的坐姿，尤其是用笔的起收、轻重、提按、缓急、粗细、曲直、斜正、转折、刚柔的变化，以及表现出来的各种奇妙的技艺效果，都需要在大脑中枢系统的支配下进行。在这个过程中，充分运用了大脑复杂细腻的动作思维。

4. 培养善于思考的好习惯

观察是表面的、感性的，分析、比较、研究则是内在的、理性的。想要练好书法，就一定要具备分析比较的能力。对照字帖可以将自己临写的欠缺找出来，能够表现不同字帖字体的不同特征等。因此，学习书法可以让孩子养成善于思考的习惯。

5. 培养创新意识，提高创新能力

练习书法能够使大脑和形象思维与直觉思维紧紧联系在一起，而形象思维和直觉思维对于创新有着重要的作用。书法可以唤起孩子对汉字的审美意识，培养孩子的创造精神，从而激发创作的欲望。孩子可以根据自己的习惯、情趣进行书法创作，这样既能培养创新意识，又能提高创新能力。

总之，练习书法可以提高大脑左右半球的协调能力和智力。父母应该在平时培养孩子的书法爱好，让他们树立自己的审美观。